# Mit mehr Nachhaltigkeit die Zukunft gestalten

## Der deutsche Profi-Fußball im Wandel

Stefanie Reuter / Prof. Dr. Petra Thalmeier

Bibliografische Information der Deutschen Nationalbibliothek: Die Deutsche Nationalbibliothek verzeichnet diese Publikation in der Deutschen National-bibliografie; detaillierte bibliografische Daten sind im Internet über _dnb.dnb.de_ abrufbar.


© 2022 Stefanie Reuter / Prof. Dr. Petra Thalmeier

Herstellung und Verlag: BoD – Books on Demand, Norderstedt


ISBN: 9783753490281

Die Mannheimer Beiträge zur Betriebswirtschaftslehre werden von den Professor*innen der Fakultät Wirtschaft Duale Hochschule Baden-Württemberg Mannheim (DHBW) seit dem Jahr 2004 herausgegeben. Diese werden durch ein Editorial Board vertreten.

Die DHBW ist die erste staatliche duale Hochschule in Deutschland mit dem besonderen Merkmal der konsequenten Verzahnung des wissenschaftlichen Studiums mit anwendungsbezogenem Lernen in der Arbeitswelt. Sie wurde am 1. März 2009 gegründet und führt das seit über 45 Jahren erfolgreiche duale Modell der früheren Berufsakademie Baden-Württemberg fort.

Zielsetzung der Mannheimer Beiträge ist, die Diskussion zwischen Hochschule, Wissenschaft und Praxis zu fördern. Das Themenspektrum erstreckt sich auf Forschungsfragen aus dem gesamten Spektrum der anwendungsbezogenen Wirtschaftswissenschaften und fokussieren insbesondere den Theorie-Praxis-Transfer.

Die jeweiligen Bände unterliegen einem internen Begutachtungsprozess, sodass der wissenschaftliche Anspruch, die Aktualität und die thematische Passung sichergestellt werden.

Weitere Informationen auch zu den bisher erschienen Bänden erhalten Sie unter: https://www.mannheim.dhbw.de/forschung-lehre/schriftenreihe

# Abstract

Die schönste Nebensache der Welt ist in den letzten Jahrzehnten zu einer bedeutenden Businessbranche geworden. Die enorme Aufmerksamkeit bringt eine große Verantwortung für die Deutsche Fußball Liga (DFL) und deren Mitgliedsvereine mit sich. Mit der Mitteilung, dass Nachhaltigkeit ab der Saison 2023/24 Lizenzierungskriterium werden soll, machte die DFL Ende 2021 Schlagzeilen. Damit verpflichtet sich die Liga und somit alle Mitgliedsvereine per Satzung zu einem verantwortungsvollen Wirtschaften, sozialem Engagement und Umweltschutz. Ziel ist es, die nachhaltigste Liga der Welt zu sein. Es wird zu beweisen sein, wie ernst die Ankündigung gemeint ist und in welchem Ausmaß die Auflagen ausgearbeitet sein werden. Festzuhalten ist, dass die Clubs nicht erst seit diesem Beschluss Konzepte entwickelt, Schwerpunkte festgelegt und Grundsteine für ein nachhaltiges und glaubwürdiges Engagement gesetzt haben.

So verfolgt beispielsweise der 1. FSV Mainz 05 als einer der ersten Vereine eine Strategie in Bezug auf das ökologische Engagement und feierte im Jahr 2020 zehn Jahre Klimaneutralität. Der SC Freiburg nutzt die eigene Strahlkraft, um mit den „Sport-Quartieren" Vereine, Schulen, Kitas und Menschen in der Region wieder näher zusammenzubringen. „Werder bewegt – lebenslang" so heißt die CSR-Marke, die der SV Werder Bremen bereits 2012 gründete. Unter diesem Dach bündelt der Verein sein gesellschaftliches Engagement. Bei der TSG Hoffenheim gibt es seit 2019 eine Stabsstelle „Unternehmensentwicklung", in welcher das Thema CSR und „TSG ist Bewegung" als eine der definierten Zukunftsaufgaben eingebettet ist.

# Inhaltsverzeichnis

# Abbildungsverzeichnis

# 1. Corporate Social Responsibility und Profi-Fußball – eine nicht alltägliche Verbindung

*Stefanie Reuter und Petra Thalmeier*

## 1.1. Einführung

Sport und Corporate Social Responsibility ist in vielerlei Hinsicht noch wissenschaftliches Neuland und trotz einer starken Zunahme der Auseinandersetzung mit den Fragestellungen rund um die gesellschaftliche und ökologische Verantwortung von Organisationen ein noch wenig beleuchtetes Thema. Vor allem in der Breite der Sportbranche lässt sich eine große Heterogenität im Umgang mit CSR feststellen. Eine systematische Auseinandersetzung und damit auch Einordnung von CSR Maßnahmen in die Arbeitsabläufe von Vereinen liegen nur vereinzelt vor. Das mag dahingehend erstaunen, da die Sportbranche in Deutschland primär als Non-Profit-Sektor gesehen wird. Knapp 90.000 Turn- und Sportvereine sind unter dem Dach des Deutschen Olympischen Sportbund (DOSB) organisiert.[1] Aufgrund dieser historisch gemeinnützen Sportbewegung gilt Sport in Deutschland als gesellschaftsorientiert und fester Bestandteil einer Zivilgesellschaft mit bürgerlichem Engagement. Damit ist unmittelbar aufgrund dieses Verständnisses eine Verknüpfung zur Leitidee der ökologischen wie gesellschaftlichen Verantwortung von Aktivitäten von Organisationen gegeben.

Erst durch die zunehmende Kommerzialisierung des Sporttreibens einerseits und die Medialisierung des Spitzensports andererseits entwickelte sich die Sportbranche zu einem Mehrsektorenmodell, das in Teilbereichen klaren Marktstrukturen folgt und somit im Prinzip austauschbar mit dem anderen Wirtschaftsleben geworden ist.[2]

Mit dieser Angleichung werden aber auch die Ansprüche an das wirtschaftliche Handeln der etablierten Wirtschaftszweige adaptiert und sogar als notwendig erachtet, sodass auch hier CSR, wie dies der Beitrag von Thalmeier zur Aufgabe von jedweder Organisation in ihrem Artikel verdeutlicht, Berücksichtigung finden muss.

---

[1] Vgl. DOSB (2022), o.S.
[2] Vgl. Dinkel, M. (2011), S. 47 ff.

## 1.2. Profisport und CSR: der Fußball in der Verantwortung

Eine Vorreiterrolle nimmt bei CSR-Maßnahmen in der Sportbranche der Profi-Fußball ein. Obwohl lediglich Borussia Dortmund als kapitalmarktorientiertes Unternehmen einer handelsrechtlichen CSR-Berichterstattung unterliegt, sind für Fußball-Bundesligisten CSR-Maßnahmen ein wesentlicher Bestandteil ihres Selbstverständnisses. Sich seiner gesellschaftlichen Verantwortung zu stellen, bedeutet nicht nur gesetzliche Vorgaben einzuhalten, sondern zeigt sich besonders aufgrund einer Freiwilligkeit und einer Selbstverpflichtung heraus zu agieren. In welchen Facetten dieses Selbstverständnis sich zeigt und wie lange schon die Clubs der Bundesliga und 2. Bundesliga in CSR-Projekte involviert sind, vermittelt Reuter in ihrem Beitrag. Umso erstaunlicher, dass die DFL eine Lizenzierung erst ab der Spielsaison 2023/24 an das Kriterium der Nachhaltigkeit knüpft.

## 1.3. Die Fußball-Bundeligisten: Verantwortung als Verpflichtung

Die Bundesligisten engagieren sich in erster Linie regional für alternative Projekte im Bereich CSR. Und hierbei handelt es sich mitnichten nur um im Eigeninteresse liegende Aktionen wie beispielsweise die „Fanbindung vor Ort". Vielmehr sehen die lokale Verortung und die Herkunft der Bundesligisten als Teil bzw. Ausgliederung von gemeinnützigen eingetragenen Vereinen, schon traditionell ein Engagement vor Ort vor. Denn beispielsweise ist das Arbeiten mit Kindern oder auch die Integration verschiedener sozialer Gruppen seit je her eine Aufgabe von Sportvereinen.

Aber an dieser Stelle soll das Augenmerk auf die Aktivitäten der Proficlubs fallen, die natürlich mit Spielergehältern weit über dem Durchschnittseinkommen, Sponsorendeals im siebenstelligen Euro-Bereich oder auch VIP-Bereichen bzw. Logen und Stadionbauen ein wirtschaftliches Geschäftsmodell betreiben.

Um dies im Kontext der CSR darzustellen, werden hier stellvertretend besondere Leistungen, Aktionen und Strategien vorgestellt, die über das zu erwartende hinausgehen und Vorbildcharakter besitzen.

Als Pionier kann man dabei mit Fug und Recht unter anderem den 1. FSV Mainz 05 bezeichnen (siehe den Beitrag von Mayer), der als erster klimaneutraler Club der Fußball-Bundesliga gemeinsam mit dem damaligen

2

Hauptsponsor ENTEGA für das innovative Sponsoring-Konzept den Marketingpreis des Sports bereits 2011 erhielt[3], als anderorts CSR meist in den Kinderschuhen stand.

Der SC Freiburg zeigt durch den Beitrag von Rauber deutlich im Sinne der Verantwortung eines Vereins für die Menschen vor Ort, dass man „mehr als Fußball" ist und verschiedene sportinteressierte Interessengruppen, soziale Schichten und auch gesellschaftliche Themen relevant sind und Teil der Clubkultur sind.

Auch der SV Werder Bremen, der als einer der ersten Clubs bereits ein umfangreiches CSR-Konzept erarbeitete, stellt den Menschen in den Mittelpunkt, wo durch den Beitrag von Düvelsdorf & Sander erläutert wird, wie man die Stakeholder durch eigene Veranstaltungsreihen mitnehmen und für nachhaltigen Umgang und Verhalten sensibilisieren will.

Der abschließende Beitrag von Wagner zeigt dann einen Teil der Zukunftsstrategie der TSG Hoffenheim, in der klar verdeutlicht wird, dass Gewinnoptimierung nicht immer der erste Anspruch sein muss. Aus einer vereinsinternen Tragödie kam die Inspiration, anstelle durch die Akquise eines neuen Sportartikelausrüsters die Sponsoringeinnahmen zu erhöhen, eine eigene, langfristige Eigenmarke zu kreieren, die zum Verein und der Nachhaltigkeitsstrategie passt und eine ganz andere Art der Verbindung Ausrüster und Verein verspricht.

## Literatur

Dinkel, M. (2011): Das Trosiensche Sportbranchenkonzept, in: Dinkel, M./Siegert, A./Brager, L., Einblicke in Theorie und Praxis, Heidelberg, S. 47-62.

DOSB (2022): Mitgliedsorganisationen, in: https://www.dosb.de/ueber-uns/mitgliedsorganisationen, 15.05.2022.

ESB Europäische Sponsoring-Börse (2011): Mainz 05 gewinnt Marketingpreis des Sports – ein Vorbild für Nachhaltigkeit, in: https://www.esb-online.com/news/artikel/mainz-05-gewinnt-marketingpreis-des-sports-cin-vorbild-fuer-nachhaltigkeit/ 16.05.2022

---

[3] Vgl. ESB Europäische Sponsoring-Börse (2011), o. S.

# 2. Corporate Social Responsibility – Eine theoretische Bestandsaufnahme

*Petra Thalmeier*

## 2.1. Einordnung und aktueller Stand der CSR Berichterstattung

### 2.1.1. Definitorische Eingrenzung

Corporate Social Responsibility (CSR) umfasst alle Aktivitäten von Organisationen, die darauf gerichtet sind, gesellschaftliche Verantwortung zu übernehmen.[4] Damit werden primär nichtwirtschaftlichen Zielen von Organisationen eine große Bedeutung eingeräumt. Organisationen sind somit nicht nur für ihr ökonomisches, sondern auch für ihr ökologisches als auch soziales Handeln verantwortlich. Betriebswirtschaftlich ist CSR ein Teil der normativen Unternehmens- und Organisationsführung[5] und impliziert die ethische Frage nach dem richtigen und erstrebenswerten Handeln. Grundlegende Werte in einer Gesellschaft geben somit den Rahmen für das Agieren von Organisationen vor und definieren den Maßstab für die gesellschaftliche Akzeptanz. Ausgehend von diesem Verständnis stellen sich Organisationen sowohl aufgrund von gesetzlichen Verpflichtungen wie der Nachhaltigkeitsberichterstattung als auch proaktiv aus eigener Überzeugung der Verantwortung.

### 2.1.2. Entwicklungslinie des CSR Verständnisses

Dass CSR diese Stellung einnimmt, ist ein Entwicklungsprozess, dessen Beginn sich zeitlich mit der Publikation von Bowen (1953) verorten lässt. In seinem Aufsatz "Social Responsibility of the Businessman" thematisierte Bowen erstmals die gesellschaftliche Verantwortung von Unternehmen.[6] Mit dem Anstoß der Diskussion einhergehend ist auch die Etablierung von Unternehmensethiklehrstühlen primär in den USA in den 1960er Jahren zu nennen.[7] Eine Berücksichtigung von Unternehmens- und Organisationsaktivitäten, die nicht primär auf wirtschaftliche Ziele gerichtet sind, wird durchaus konträr diskutiert. Das Spannungsverhältnis zwischen der Ausrichtung von Unternehmen auf wirtschaftliche Ziele und ethisch-normativen Anforderung zeigt sich

---

[4] Vgl. Definition der EU Kommission (2011), S. 7.
[5] Vgl. Dillerup, R. / Stoi, R. (2016), S. 77.
[6] Vgl. Martens, A. / Kleinfeld, A. (2018), 9 ff.
[7] Vgl. Scholz, M. (2011), S. 28.

deutlich in dem prägnant betitelten Artikel Friedmans (1970) in dem New York Times Magazine: „The social responsibility of business is to increase its profits". Angesichts der seit den 1990er Jahren zunehmend in der öffentlichen Wahrnehmung in den Fokus gerückten globalen Herausforderungen, wie die Erderwärmung und der Klimawandel oder Korruptionsbekämpfung, finden CSR Fragestellungen auf internationaler Ebene zunehmend Gehör.[8] CSR wird interpretiert als der Rahmen, der für diese globalen Probleme die Möglichkeit einer Dokumentation schafft. Die EU-Kommission versteht zunächst CSR als eine „auf freiwilliger Basis"[9] erfolgende Dokumentation von sozialen und Umweltbelangen und definiert ab 2011 CSR als „Verantwortung von Unternehmen für ihre Auswirkungen auf die Gesellschaft"[10]. Die europäische CSR Richtlinie, die eine verpflichtende Berichterstattung für bestimmte Unternehmen fordert, wird 2014 verabschiedet. Europaweit obliegen damit zurzeit ungefähr 11.700 Unternehmen einer nichtfinanziellen Berichterstattung. Die Umsetzung ins nationale Recht erfolgt in der Bundesrepublik 2017 mit dem Gesetz zur Stärkung der nichtfinanziellen Berichterstattung der Unternehmen in ihren Lage- und Konzernlageberichten (CSR-Richtlinie-Umsetzungsgesetz) vom 11. April 2017, sodass die Berichtspflicht für Geschäftsjahre, die nach dem 31.12.2016 beginnen, erstmals gegeben ist. Die Nachhaltigkeitsberichterstattung ist im Handelsrecht, dem Sonderprivatrecht der Kaufleute, geregelt.

### 2.1.3. Geltungsbereich und Wirkung des Berichtswesens

Eine Vergleichbarkeit sowie die Bewertung der CSR-Aktivitäten von Organisationen ist ein schwieriges Unterfangen und wird in der Wissenschaft durchaus sehr kritisch diskutiert.[11] Die öffentliche Wahrnehmung von CSR-Maßnahmen hängt stark von den Kommunikationsmethoden[12] ab, sodass mit der gesetzlichen Festschreibung einer Nachhaltigkeitsberichterstattung durchaus ein Schritt in Richtung Objektivierung vollzogen wurde. Nichtfinanzielle Berichterstattung[13] gemäß § 289c HGB bedeutet, dass diese Unternehmen bezüglich Umweltaspekten, Arbeitnehmer*innen- und Sozialbelangen, Menschenrechten, der Bekämpfung von Korruption und Bestechung und – dies

---

[8] Vgl. Karlshaus, A. B. / Mochmann, I. C. (2019), S. 3.
[9] Vgl. EU Kommission (2011), S. 7.
[10] EU Kommission (2011), S. 7.
[11] Siehe dazu beispielsweise Keller, K. / Müller, M. F. (2021), S. 5 ff.
[12] Vgl. Heinrich, P. / Schmidpeter, R. (2018), S. 10.
[13] Zur Nachhaltigkeitsberichterstattung siehe auch Thalmeier, P. (2021), S. 291 ff.

gilt nur für Aktiengesellschaften – auch bezüglich Diversität zu berichten haben. Veröffentlicht wird diese Dokumentation entweder als Teil des Lageberichts, als eigenständiger Bericht oder auf der Homepage. Es unterliegen Unternehmen, die die Voraussetzungen des § 289b HGB erfüllen, der Berichtspflicht, worunter insbesondere große Unternehmen i. S. d. § 267 Abs. 3 HGB und Kapitalgesellschaften, die kapitalmarktorientiert (§ 264d HGB) sind und im Jahresdurchschnitt mehr als 500 Mitarbeiter*innen beschäftigen, fallen. Ebenso sind Genossenschaften, große Kreditinstitute, Finanzdienstleistungs- und Versicherungsunternehmen und kapitalmarktorientierte Personengesellschaften mit im Jahresdurchschnitt mehr als 500 Mitarbeiter*innen berichtspflichtig. Das Handelsrecht sieht in § 289d HGB für die Erstellung der nicht-finanziellen Erklärung vor, dass sich Unternehmen an nationalen, europäischen und internationalen Rahmenwerken orientieren können. Ein nationales Rahmenwerk ist beispielsweise der Deutsche Nachhaltigkeitskodex. Internationale Rahmenwerke sind ISO 26000, der UN Global Compact oder GRI (Global Reporting Initiative). Gemäß einer Erhebung der Wirtschaftsprüfungs- und Steuerberatungsgesellschaft PwC haben 2018 die meisten Unternehmen sich am Konzept der Global Reporting Initiative (GRI) orientiert.[14] Der GRI-Berichtsrahmen ist modular aufgebaut und ermöglicht eine Darstellung positiver als auch negativer Beiträge des Unternehmens zu ökonomischen, ökologischen und sozialen Auswirkungen einer nachhaltigen Entwicklung.[15] Bisher beschränken sich die meisten berichtspflichtigen Unternehmen bei der Dokumentation auf die handelsrechtlich vorgeschriebenen fünf Mindestaspekte.[16] Für die bereits definierten Unternehmen ist die Dokumentation unternehmerischer Verantwortung durch die gesetzlichen Regelungen des Handelsrechts konkretisiert. In diesem Zusammenhang ist nun auch das am 22.07.2021 verkündete Sorgfaltspflichtengesetz[17] – auch als Lieferkettengesetz bekannt - zu nennen, welches das Einhalten von Menschenrechten in der Lieferkette regelt. Für Unternehmen, die nach jetzigem Rechtsstand nicht der Berichtpflicht unterliegen, kann sich indirekt eine Verpflichtung zur Etablierung von CSR-Maßnahmen durch das Sorgfaltspflichtengesetz ergeben. Denn bei Geschäftsbeziehungen zu berichtspflichtigen Unternehmen besteht innerhalb der Lieferkette ein externer Druck zu CSR-Maßnahmen.[18] Grundsätzlich gilt: Unternehmen, die sich der Thematik der Nachhaltigkeitsberichterstattung

---

[14] Vgl. PwC (2018), S.11.
[15] Vgl. Global Reporting Inititiative o. J., o.S.
[16] Vgl. PwC (2018), S. 12.
[17] Vgl. Gesetz über die unternehmerischen Sorgfaltspflichten, S. 2959.
[18] Vgl. Teicke, T. (2018), S. 275.

nicht annehmen, werden es schwer haben, im nationalen als auch internationalen Wettbewerb zu bestehen. [19] Hingegen kann eine Auseinandersetzung mit der Nachhaltigkeitsberichterstattung und das Etablieren von Maßnahmen durchaus als ein Wettbewerbsvorteil verstanden werden. [20] Auch zeigt sich für Unternehmen zunehmend ein wichtiger Vorsprung bei der Positionierung im Wettbewerb, wenn sie Kooperationen mit Organisationen eingehen, die Nachhaltigkeitsthemen angehen. [21]

## 2.2. Spannungsverhältnis CSR und Compliance

Aber darüber hinaus ist ein weiterer Aspekt für Unternehmen und Organisationen entscheidend, nämlich das Verhältnis von CSR zu Compliance. [22] Zweifelsohne besteht ein direkter Zusammenhang zwischen unternehmerischem Fehlverhalten insbesondere Bilanzskandale wie bei dem US-Konzern Enron in 2001 [23] und der Fokussierung auf Fragestellungen nach der Unternehmensverantwortung. Damit kann man die CSR-Richtlinien-Umsetzungsgesetz durchaus auch als eine neue gesetzliche Verankerung von Compliance interpretieren. Da die Bekämpfung von Korruption und Bestechung als Tatbestandsmerkmal bei der CSR-Berichterstattung aufgeführt ist, ist ein neues Verhältnis zwischen Compliance und CSR geschaffen worden. Compliance und CSR sind untrennbar mit einander verbunden und werden in der rechtlichen Bewertung als sich gegenseitig bedingend eingeordnet. [24] Compliance kann als das „Minimum der unternehmerischen Verantwortung"[25] definiert werden, wohingegen CSR Prozesse als Instrument zur Generierung einer vollumfänglichen unternehmerischen Verantwortung verstanden wird. Insbesondere wird das Verhältnis zwischen Compliance und CSR besonders treffend durch die Abgrenzung von Illegitimität und Illegalität beschrieben. [26] Illegales Verhalten soll durch Compliance-Maßnahmen, das Einhalten von Gesetzen und Regeln, unterbunden werden. CSR-Maßnahmen beziehen sich auf eine vollumfängliche Verantwortung der Unternehmen. Hierbei geht es um die gesellschaftliche Akzeptanz und damit um Fragestellungen der Unterbindung von Illegitimität. So formulieren Martens/Kleinfeld prägnant: „Wer sich zwar an geltendes Recht hält, aber die legitimen, an gesellschaftlich konsensfähigen

---

[19] Vgl. Teicke, T. (2018), S. 275.
[20] Vgl. Meffert, H. et al. (2019), S. 870.
[21] Vgl. Hollmann, D. et al. (2020), S. 212.
[22] Siehe dazu auch Thalmeier, P. (2019), S. 9 ff. oder Methner, O. / Reiter, J. (2018), S. 49 ff.
[23] Vgl. Peemöller, V. et. al. (2017), S. 33 ff.
[24] Vgl. Teicke, T. (2018), S. 275.
[25] Spießhofer, B. (2018), S. 442.
[26] Vgl. Lignau, V. / Kokot, K. (2015), S. 29 ff.

Werten und Prinzipien ausgerichteten Erwartungen seiner Stakeholder ignoriert, läuft Gefahr, seine sogenannte öffentliche Licence to operate zu verlieren."[27]

Im April 2021 legte die EU einen Richtlinienentwurf zur Erweiterung der Berichtserstattungspflicht vor. Entsprechend dieses Entwurfes zur Corporate Sustainability Reporting Directive (CSRD)[28] wird künftig eine Veröffentlichung nur noch in den Lageberichten möglich sein. Diese Regelung soll ab 1. Januar 2024 in Kraft treten. Ziel ist es auch, mehr Unternehmen in die Berichtspflicht einzubinden. Der Richtlinienentwurf geht momentan davon aus, dass etwa 49.000 Unternehmen in der EU dann über ihre CSR Aktivitäten zu berichten hätten.[29] Darüber hinaus soll es auch Änderungen in der Überwachung und Prüfung der Berichte geben. Mit dem Vorliegen des Richtlinienentwurfes wird klar, dass CSR einen zusätzlichen Bedeutungsgewinn erfahren wird.

Ungeachtet einer gesetzlichen Verpflichtung besteht bei viele Organisationen Konsens über die Bedeutung von Nachhaltigkeit, sodass proaktiv Maßnahmen ergriffen werden und auf freiwilliger Basis ökonomische, ökologische und soziale Aspekte als entscheidende Leitlinie für das Agieren von Organisationen festgeschrieben werden. Inzwischen hat sich der CSR-Gedanke soweit etabliert, dass auch die Deutsche Fußball Liga (DFL) für alle Clubs eine Lizenzierung ab der Spielsaison 2023/24 an das Kriterium der Nachhaltigkeit knüpfen will.[30]

## 2.3. Motive für CSR-Maßnahmen in Organisationen

Welche Ziele verfolgen Organisationen mit CSR-Maßnahmen? Organisationen können durch die Etablierung von CSR-Maßnahmen in vielfältiger Weise profitieren.[31] Es gehen mit Nachhaltigkeitsaktivitäten nicht nur ein höheres gesellschaftliches Ansehen einher, sondern es entsteht insbesondere eine Dynamik zur Modernisierung der Organisation.[32] Beim Analysieren von Prozessen und Abläufen im Hinblick auf Nachhaltigkeitsfragestellungen werden Informationen generiert, die nicht nur Ineffizienzen offenbaren können, sondern

---

[27] Martens, A. / Kleinfeld, A. (2018), S. 16 ff.
[28] Vgl. EU (2022), o.S.
[29] Vgl. dazu die Einschätzung von Meyer, Y. / Richter, N. (2021), o.S.
[30] Vgl. DFL (2021), o.S.
[31] Vgl. Bornemann, S. / Klement, M. (2019), S. 72 ff.
[32] Vgl. Fifka, M. (2018), S. 149.

auch einen anderen Blick auf die Organisation gestatten. Damit können Innovationen angestoßen werden, die einen ökonomischen Mehrwert mit sich bringen. Gerade in Bezug auf Innovationen bedingen sich ökonomische und ökologische Ziele gegenseitig. Eine Optimierung des Ressourcenverbrauchs - beispielsweise durch eine teilweise Substitution fossiler Brennstoffe gegen erneuerbare Energien bringt nicht nur einen ökologischen Effekt, sondern kann nachhaltig die finanzielle Position stärken. Neben diesen möglichen Effizienzgewinnen sind die normativen Vorgaben der Gesellschaft ein bedeutender Anreiz, CSR-Maßnahmen zu etablieren. Mit einem sozialen Engagement von Organisationen geht meist ein Vertrauensgewinn einher. Damit werden bestehende Beziehungen zu Stakeholdern intensiviert und gefestigt. Außerdem können neue Mitglieder für Organisationen gewonnen werden. Zudem fördert soziales Engagement den Zusammenhalt innerhalb einer Gesellschaft und kann einen wichtigen Beitrag zur Integration von verschiedenen gesellschaftlichen Gruppen leisten. Ebenso ist bei der sozialen Nachhaltigkeit, Maßnahmen zur Gesundheitsförderung hervorzuheben. Damit definieren CSR-Maßnahmen, die das ethische normative Verständnis der Gesellschaft widerspiegeln, zunehmend den Rahmen für das Agieren von Organisationen. Und zweifelsohne gilt es zu beachten, dass die globalen Herausforderungen von einem derart großen Ausmaß sind, dass nur eine koordinierte Zusammenarbeit von Politik, Wirtschaft und Gesellschaft in der Lage ist, sich diesen zu stellen.

## Literaturverzeichnis

Bornemann, S. / Klement, M. (2019): Keimzellen der Nachhaltigkeit – CSR in Sportvereinen als besonderes Potenzial zur Transformation hin zu einer nachhaltigen Gesellschaft, in: Hildebrandt, A. (Hrsg.): CSR und Sportmanagement, Berlin, S. 69 – 83.

Bowen, H. R. (1953): Social Responsibility of the Businessman, New York.

DFL Deutsche Fußball Liga (2021): Beschluss der DFL-Mitgliederversammlung: Nachhaltigkeit wird Lizenzierungskriterium für Bundesliga und 2. Bundesliga. https://www.dfl.de/de/aktuelles/beschluss-der-dfl-mv-nachhaltigkeit-wird-lizenzierungskriterium/, zuletzt geprüft am 27.04.2022.

Dillerup, R. / Stoi, R. (2016): Unternehmensführung: Management & Leadership – Strategien – Werkzeuge – Praxis, 5. Auflage, München.

Europäische Kommission (2011): Mitteilung der Kommission an das Europäische Parlament, den Rat, den Europäischen Wirtschafts- und Sozialausschuss und den Ausschuss der Regionen. Eine neue EU-Strategie (2011–14) für die soziale Verantwortung der Unternehmen (CSR) (25.10.2011). https://eur-lex.europa.eu/legal-content/DE/TXT/?uri=CELEX%3A52011DC0681, zuletzt geprüft am 29.09.2020.

Europäische Kommission (2022): Corporate sustainability reporting.EU rules require large companies to publish regular reports on the social and environmental impacts of their activities. https://ec.europa.eu/info/business-economy-euro/company-reporting-and-auditing/company-reporting/corporate-sustainability-reporting_en, zuletzt geprüft am 24.01.22.

Fifka, M. (2018): CSR-Kommunikation und Nachhaltigkeitsreporting – Alles neu macht die Berichtspflicht? In: Heinrich, P. (Hrsg.): CSR und Kommunikation, Berlin, S. 139-153.

Friedman, M. (1970): The social responsibility of business is to increase its profits, in: http://umich.edu/~thecore/doc/ Friedman.pdf, zuletzt geprüft am 27.08.2020.

Gesetz zur Stärkung der nichtfinanziellen Berichterstattung der Unternehmen in ihrem Lage- und Konzernlageberichten (CSR-Richtlinie-Umsetzungsgesetz) vom 11.04.2017 (BGBl. I S. 802 ff.).

Gesetz über die unternehmerischen Sorgfaltspflichten in Lieferketten vom 16.07.2021 (BGBl. I S. 2959 ff.).

Global Reporting Initiative (o. J.): What is GRI? In: https://www.globalreporting.org/how-to-use-the-gri-standards/resource-center/ zuletzt geprüft am 29.09.2020.

Heinrich, P. / Schmidpeter, R. (2018): Wirkungsvolle CSR Kommunikation – Grundlagen, in: Heinrich, P. (Hrsg.): CSR und Kommunikation, Berlin, S. 1 – 25.

Hollmann, D. / Kunzelmann, J. / Riess, B. (2020): Der Beitrag von Stiftungen zur Verbreitung und Verstetigung von Corporate Social Responsibility, in: Genders, S. (Hrsg.): CSR und Institutionen, Berlin, S. 207 – 216.

Karlshaus, A.B. / Mochmann, I. C. (2019): Corporate Social Responsibility und Interkulturelles Management, in: Karlshaus, A.B. / Mochmann, I. C. (Hrsg.) (2019): CSR und interkulturelles Management: gesellschaftliche und unternehmerischen Verantwortung international bewältigen, Berlin, S. 1 – 24.

Keller, K. / Müller, M. F. (2021): CSR-Weiterbildung: Zwischen Wissen, Erfahrung und Haltung, Wiesbaden.

Lingnau, V. / Kokot, K. (2015): Rationalprinzip, Illegalität, Legalität und Legitimität, in: Vorbohle, K. / Quandt, J. H. / Schank, C. (Hrsg.): Verantwortung in der globalen Wertschöpfung, München, S. 27-48.

Martens, A. / Kleinfeld, A. (2018): CSR und Compliance im Kontext ihrer Bedeutungsentwicklung, in: Kleinfeld, A. / Martens, A. (Hrsg.): CSR und Compliance, Synergien nutzen durch ein integriertes Management, Berlin, S. 3 – 33.

Methner, O. / Reiter, J. (2018): Rechtliche Rahmenbedingungen für CSR und Compliance in deutschen Unternehmen, in: Kleinfeld, A. / Martens, A. (Hrsg.): CSR und Compliance: Synergien nutzen durch ein integriertes Management, Berlin, S. 49 – 62.

Meffert, H. et al. (2019): Marketing. Grundlagen marktorientierter Unternehmensführung – Konzepte – Instrumente -Praxisbeispiele, Wiesbaden.

Meyer, Y./Richter, N. (2021): Nachhaltigkeitsreporting: Warum die neue EU-Richtlinie wegweisend ist. https://www.ey.com/de_de/decarbonization/nachhaltigkeitsreporting-warum-die-neue-eu-richtlinie-wegweisend-ist, zuletzt geprüft am 24.01.2022.

Peemöller, V./Krehl, H./Hofmann, S. (2017): Bilanzskandale – Delikte und Gegenmaßnahmen, 2. Auflage, Berlin.

PwC GmbH Wirtschaftsprüfungsgesellschaft (Hrsg.) (2018): Erstanwendung des CSR-Richtlinie-Umsetzungsgesetzes - Studie zur praktischen Umsetzung im Dax 160, in: https://www.pwc.de/de/nachhaltigkeit/studie-erstanwendung-des-csr-richtlinie-umsetzungsgesetzes.html, zuletzt geprüft am 28.09.2020

Reiche, D. (2014): Drivers behind corporate social responsibility in the professional football sector: a case study of the German Bundesliga, in: Soccer & Society, Vol. 15, S. 472-502

Scholz, M. (2011), Über die moralische Verantwortung von Unternehmen, S. 28 - 30 in: https://www.uni-hannover.de/fileadmin/luh/content/alumni/unimagazin/2011_ethik/netz28_scholz.pdf, zuletzt geprüft am 27.08.2020.

Spießhofer, B. (2018): Compliance und Corporate Social Responsibility, in: NZG – Neue Zeitschrift für Gesellschaftsrecht, Heft 12, S. 441–451.

Teicke, T. (2018): CSR meets Compliance – Über die zunehmende Verrechtlichung der Corporate Social Responsibilitiy, in: CCZ – Corporate Compliance Zeitschrift, Heft 6, S. 274–276.

Thalmeier, P. (2019): Compliance – Eine Führungsaufgabe, in: Thalmeier. P. / Dinkel. M. (Hrsg.) (2019): Compliance – Anforderungen an das Eventmanagement, Mannheimer Beiträge zur Betriebswirtschaftslehre, Nr. 01/19, S. 9 - 14.

Thalmeier, P. (2021): Nachhaltigkeitsberichterstattung, in: Dinkel. M./Luppold, St./Schröer, C. (Hrsg.): Handbuch Messe-, Kongress- und Eventmanagement, 2. aktualisierte und erweiterte Aufl., Berlin, S. 291 - 294.

Wadsack, R. (2019): Nachhaltigkeit, in: Bezold, T. / Thieme, L. / Troisen, G. / Wadsack, R. (Hrsg) (2019): Handwörterbuch des Sportmanagements, Berlin.

Walzel, S. (2019): Corporate Social Responsibility und Fußball – Ein Rückblick auf zehn Jahre internationale Forschung, in: Werheid, M. / Mühlen, M. (Hrsg.): CSR und Fußball, Berlin, S. 3 – 27.

# 3. Übernahme gesellschaftlicher Verantwortung als zukunftsweisendes Grundverständnis von Profi-Fußballclubs

*Stefanie Reuter*

## 3.1. CSR in der Fußball-Bundesliga

Die schönste Nebensache der Welt ist in den letzten Jahrzehnten zu einer bedeutenden, milliardenschweren Businessbranche geworden. Diese Entwicklung lässt sich anhand vieler Indikatoren (z.B. Zuschauerzahlen, Erlöse aus TV-Auswertung, Etats der Mannschaften und Spielergehälter, Anzahl von Mitarbeitenden) belegen. In der Saison 2019/2020 waren beispielsweise 52.786 Personen direkt oder indirekt im deutschen Lizenzfußball beschäftigt.[33] Professioneller Fußball ist ein wichtiger Zweig der Unterhaltungsindustrie und damit von einer hohen ökonomischen Relevanz. Die enorme Popularität des Fußballsports ist die Basis für seine kommerzielle Verwertung. Fußball ist der wohl populärste Sport in Deutschland.

Darüber hinaus gilt Fußball als Volkssport mit entsprechender Verbreitung in nahezu allen Bevölkerungsgruppen und sozialen Schichten. So sind im Deutschen Fußball-Bund (DFB) im Jahr 2021 über sieben Millionen Menschen als aktive Vereinsmitglieder registriert.[34] Naturgemäß haben diese aktiven Sportlerinnen und Sportler auch eine besondere Affinität zum Zuschauersport Fußball. Neben den aktiven Fußballbegeisterten gibt es zahlreiche Personen, die nicht aktiv Fußball spielen, aber dennoch ein großes Interesse am Zuschauersport haben und die Ergebnisse ihres Clubs und anderer Vereine über verschiedene Medien verfolgen. Regelmäßige Besuche von Fußballspielen der favorisierten Mannschaft bei Heim- und Auswärtsspielen ist damit für viele Fußballbegeisterte fest im Terminkalender verankert.

Diese enorme Aufmerksamkeit, die der Profi-Fußball auf sich lenkt, bringt eine große Verantwortung mit sich, welcher sich die Deutsche Fußball Liga (DFL) und deren Mitgliedsvereine bewusst sein müssen. Bereits im Jahr 2009 hat die DFL beispielsweise einen Arbeitskreis für Kids-Clubs gegründet und

---

[33] Vgl. DFL Deutsche Fußball Liga (2021a), o.S.
[34] Vgl. DFB –Deutscher Fußballbund (2021), o. S.

organisiert seither in Kooperation mit diesem Arbeitskreis jährlich Versammlungen für alle Clubs. Die Vereine können sich untereinander vernetzen und austauschen. Die Kids-Clubs haben primär frühpräventive Ansätze und widmen sich Themen wie dem Vorbeugen von Diskriminierung oder Gewalt. 2009 wurden soziale Projekte wie z.B. die Kids-Clubs bei den Vereinen mehrheitlich von Mitarbeitenden aus dem Marketing oder Mitgliederwesen organisiert. Mittlerweile setzt jeder Club im Schnitt 2,4 Mitarbeitende für das jeweilige gesellschaftliche Engagement ein.[35]

Während die 2009 von der DFL Deutsche Fußball Liga GmbH und dem DFL e. V gegründete DFL-Stiftung bundesweite Programme fördert, initiiert und begleitet und dabei das Engagement der Clubs der Bundesliga und der 2. Bundesliga vernetzt und ergänzt,[36] konzentriert sich die Mehrheit der Clubs auf ein Engagement in der jeweiligen Heimatregion. Themen wie „Antidiskriminierung", „Förderung von Kindern" und „Umwelt und Ökologie" sind wesentliche Themen.[37] Die DFL, die DFL-Stiftung und die angehörigen Vereine der Bundesliga und 2. Bundesliga organisieren seit 2011 jährlich stattfindende Netzwerktreffen unter dem Titel „Vollversammlung Verantwortung". Ein von allen Clubs gewählter Arbeitskreis unterstützt unter anderem die Vernetzung der Clubs und deren Vereinsaktivitäten.

## 3.2. Der deutsche Profi-Fußball im Wandel – intrinsische Motivation und Druck von außen

Die Corona-Pandemie und ihre Folgen sind auch am deutschen Profi-Fußball nicht spurlos vorbeigegangen. Leere Stadien, verschobene oder ausgefallene Fußballspiele, Trainer und Spieler in Quarantäne. Das hat auch den Bundesligabetrieb vor neue Herausforderungen gestellt. Es wurde deutlich, dass ökologische und soziale Themen weiter an Bedeutung gewinnen. Neben dem Wunsch der Fans und Mitglieder nach einem verantwortungsvollen Verhalten des eigenen Clubs, erwarten nun auch Sponsoringpartner mehr von den Partnerschaften als Bandenwerbung und reinen Marketingcampagnen. Die Partnerschaften sollen inhaltlicher getrieben sein - ein Fokus liegt dabei auf Nachhaltigkeitsthemen.[38] Um also interessant für Sponsoren zu sein und zu blei-

---

[35] Vgl. ONE8Y Sports Marketing Agency (2021), o.S.
[36] Vgl. DFL Stiftung o.J, o.S.
[37] Vgl. ONE8Y Sports Marketing Agency (2021), o.S.
[38] Vgl. S 20 e.V. (2022), o. S.

ben, müssen die Clubs entsprechende Angebote machen und Anknüpfungspunkte bieten. Denn eine Partnerschaft kann nur nachhaltig, glaubwürdig und erfolgreich sein, wenn die Club- und Unternehmenswerte übereinstimmen.

Nicht zuletzt seit der aktuellen Forderung des EU-Parlaments an Sportorganisationen und EU-Institutionen nach einem gerechteren und diverseren Sport entwickeln sich ESG-Faktoren aktuell zu den bedeutendsten Themen in Sport und Wirtschaft.[39] Hierbei geht es um Themen aus den Bereichen Umwelt (Environmental), Soziales (Social) und Unternehmensführung (Governance). Diese Handlungsfelder sind zwar nicht neu, aber der Fokus war noch nie so sehr darauf gerichtet und der Druck zum Handeln noch nie so groß. ESG ist innerhalb und außerhalb des Sports eines der wichtigsten Themen der Gegenwart und Zukunft. Auch Dachverbände wie die FIFA fordern zunehmend Strategien und Konzepte für ökologisch nachhaltige und gesellschaftsverantwortliche Events wie die „FIFA climate strategy" zeigt.[40] Neben dem Druck, der von außen auf die Clubs einwirkt, haben viele Vereine Nachhaltigkeitsthemen bereits seit einigen Jahren in ihrer Philosophie oder in der Satzung verankert. 85% der Clubs der Bundesliga und 2. Bundesliga geben in einer Befragung der 2021 veröffentlichten Studie an, das freiwillige gesellschaftliche Engagement in der allgemeinen Clubstrategie verankert zu haben.[41]

## 3.3. Von der „Taskforce Zukunft Profi-Fußball" zur Lizensierungsauflage Nachhaltigkeit für Bundesliga und 2. Bundesliga

„Beschluss der DFL-Mitgliederversammlung: Nachhaltigkeit wird Lizensierungskriterium für Bundesliga und 2. Bundesliga".[42] Mit dieser Schlagzeile verkündete die DFL Ende 2021, dass sich die Bundesliga und somit alle Mitgliedsvereine per Satzung zu einem verantwortungsvollen Wirtschaften, sozialem Engagement und Umweltschutz verpflichten. Wer ESG-Faktoren oder CSR-Maßnahmen in der Strategie des Clubs nicht berücksichtigt, wird es wohl auch schwer haben, künftig Partner*innen in der Wirtschaft zu finden und gefährdet möglicherweise sogar seine Lizenz.[43]

---

[39] Vgl. SPONSORs Verlags GmbH (2021), o. S.
[40] Vgl. FIFA (2021), o. S.
[41] Vgl. ONE8Y Sports Marketing Agency (2021), o. S.
[42] Vgl. DFL Deutsche Fußball Liga (2021b), o. S.
[43] Vgl. Frankfurter Rundschau (2021), o. S.

„Wesentliche Leitlinie für das Handeln des DFL e.V. ist Nachhaltigkeit in allen ihren Dimensionen – ökologisch, ökonomisch und sozial. Mit konkreten Maßnahmen wird diese Leitlinie aktiv, nachweisbar und transparent umgesetzt. Der DFL e.V. und seine Vereine und Kapitalgesellschaften tragen dazu bei, das Bewusstsein für nachhaltiges Handeln innerhalb breiter Bevölkerungsschichten zu verankern."[44] So soll es laut Mitgliederbeschluss vom 14. Dezember 2021 in der Präambel der Satzung des DFL e.V. stehen.

Bereits Ende 2020 hat das DFL-Präsidium die „Taskforce Zukunft Profi-Fußball" ins Leben gerufen. Ein 30-köpfiges Gremium aus Sport, Gesellschaft, Politik und Wirtschaft sollte dabei in drei unterschiedlichen Arbeitsgruppen relevante Themen diskutieren. Unter anderem folgende Fragestellungen waren von zentraler Bedeutung:

- Wie kann der Dialog mit Fangruppen sinnvoll intensiviert werden?
- Was spricht für oder gegen bestimmte Zahlungsströme?
- Welche Maßnahmen können Liga und Clubs mit Blick auf eine gesellschaftliche Verankerung ergreifen?

Der grundsätzliche Ansatz hierbei: Entwicklungen der Vergangenheit zu reflektieren und gangbare Wege für die Zukunft zu entwerfen.[45] Im März 2021 konnten erste Ergebnisse mit entsprechenden Zielformulierungen mit Blick auf das Jahr 2030 präsentiert werden. Zentrale Aspekte wie die Attraktivität des deutschen Profi-Fußballs, Stärkung der Gleichberechtigung, aber auch Nachhaltigkeitsthemen, Werteverständnis und Transparenz wurden dabei herausgestellt. Neben diesen Zielvorgaben hat die Taskforce auch konkrete Handlungsempfehlungen erarbeitet. Das „grundsätzliche Bekenntnis zu Nachhaltigkeit im deutschen Profi-Fußball" wird hier bereits als erste von insgesamt 17 Handlungsempfehlungen genannt. Neben einigen weiteren Punkten, die konkret das Thema Nachhaltigkeit aufgreifen, ist auch der Dialog mit den Stakeholder Gruppen in mehreren Punkten zu finden.[46] Einige der Maß-

---

[44] Vgl. DFL Deutsche Fußball Liga (2021b), o. S.
[45] Vgl. DFL Deutsche Fußball Liga (2021c), o. S.
[46] Vgl. Zusammenfassender Ergebnisbericht der Taskforce Zukunft Profi-Fußball 03. Februar 2021.

nahmen und Ideen können von den Clubs individuell und kurzfristig entschieden und umgesetzt werden. Andere bedürfen einer umfassenderen, detaillierteren Prüfung und Ausarbeitung durch Expertenkreise und Kommissionen.[47]

Mit der Aufnahme von „Nachhaltigkeit" in die Lizenzauflagen zur Saison 2023/24 hat sich die Bundesliga somit als erste Sportliga der Welt per Satzung zu gutem Wirtschaften, sozialen und ökologischem Engagement verpflichtet.[48] Die siebzehn Entwicklungsziele der Vereinten Nationen sollen künftig bei der konkreten Erarbeitung der Inhalte als Orientierung dienen.[49]

Die Gründung einer Arbeitsgruppe Nachhaltigkeit (u.a. bestehend aus Vertreterinnen und Vertretern der Clubs), der für September 2022 erstmals ausgerufene „Deutsche Sport-Nachhaltigkeitspreis", das Einrichten der Online-Plattform #BundesligaWIRKT[50] und nicht zuletzt die Aufnahme von „Nachhaltigkeit" in die Lizenzierungsauflagen sind erste konkrete Maßnahmen, die die DFL aus den Handlungsempfehlungen der „Taskforce Zukunft Profi-Fußball" abgeleitet hat.

Der kontinuierliche Dialog auf allen Ebenen, das stete Überprüfen und Anpassen von Zielvorgaben wird ein wesentlicher Faktor für den Erfolg von glaubwürdigem und langfristigem nachhaltigem Engagement der gesamten Liga sein.

## 3.4. Vielfältige Club-Engagements – ein kurzer Einblick

Das Engagement der Vereine der Bundesliga und 2. Bundesliga ist so vielseitig wie die Clubs selbst. Viele Vereine engagieren sich bereits seit einigen Jahren weit über das geforderte Maß hinaus. „Einfach nur etwas Gutes für die Gemeinschaft tun" oder unkoordiniert Gelder oder Merchandiseartikel an Menschen und Organisationen aus der Region spenden, ist hierbei nicht mehr das Mittel der Wahl. Die Vereine entwickeln Konzepte, bzw. haben bereits

---

[47] Vgl. Zusammenfassender Ergebnisbericht der Taskforce Zukunft Profi-Fußball 03. Februar 2021.Ebd.
[48] Vgl. ZEIT ONLINE GmbH (2021), o.S.
[49] Vgl. United Nations Development Programme (2022), o. S.
[50] Vgl. DFL Deutsche Fußball Liga (2021e), o. S.

Konzepte entwickelt, legen Schwerpunkte fest und schaffen somit den Grundstein für ein nachhaltiges und glaubwürdiges Engagement. Das zeigen nicht zuletzt jüngste Studien und Befragungen unter den Vereinen.[51]

„Nachhaltigkeit ist eine der größten Herausforderungen unserer Zeit. Und der Fußball besitzt die Kraft, Dinge zu ändern."[52] Mit diesem Zitat von Michael Meeske, Geschäftsführer des VfL Wolfsburg, erklärt der Verein auf seiner Website warum es zum Selbstverständnis des Vereins gehört, sich Inhalten Rund um das Oberthema „Nachhaltigkeit" zu widmen. Der VfL Wolfsburg ist seit Beginn an Mitglied im Arbeitskreis Verantwortung der DFL und auch Mitglied in der Arbeitsgruppe Nachhaltigkeit, die kürzlich von der DFL ins Leben gerufen wurde. Der VfL will auf allen Ebenen Verantwortung für die Auswirkungen des eigenen Handelns auf die Gesellschaft übernehmen. Der VfL veröffentlicht seit 2012 in einem Vier-Jahres-Rhythmus freiwillig einen Nachhaltigkeitsbericht und orientiert sich hierbei an den Vorgaben der Global Reporting Initiative (GRI). Es ist kaum möglich, sich allen gesellschaftsrelevanten Themen anzunehmen. Ein klarer Fokus auf passende Themen ist also von besonderer Bedeutung. Um nachhaltig glaubwürdig zu handeln ist es von großer Bedeutung, dass das gesellschaftliche Engagement mit den Werten des Vereins oder Unternehmens übereinstimmt. Der VfL hat sich auf zwei Fokusthemen – Klima und Vielfalt – verständigt und darüber hinaus weitere wesentliche Handlungsfelder definiert. Auch die entsprechenden Sustainable Development Goals (SDGs) werden herangezogen.

Mit der Einführung der Berichtspflicht zu nichtfinanziellen Belangen im Jahr 2017 ist auch der BVB als kapitalmarktorientiertes Unternehmen mit entsprechender Bilanzsumme und über 500 Mitarbeitenden, dazu verpflichtet einen standardisierten Bericht zu erstellen. Seit der Saison 2018/2019 veröffentlicht der BVB einen umfangreichen, an den GRI Standards orientierten, nichtfinanziellen Bericht. Sechs vom Verein definierte Handlungsfelder werden mit über 20 wesentlichen Themen untermauert. Unter anderem die Aufarbeitung der nationalsozialistischen Vergangenheit des Vereins, die enge Beziehung zur Region und den Fans sowie ein kontinuierlicher Dialog mit den verschiedenen Stakeholder-Gruppen, sind wesentliche Themen, welchen der Verein

---

[51] Vgl. ONE8Y Sports Marketing Agency (2021), o. S.
[52] Vgl. VfL Wolfsburg (2022), o. S.

besondere Aufmerksamkeit schenkt.[53] Hier werden ebenfalls die entsprechenden SDGs berücksichtigt.

Der 1. FSV Mainz 05 verfolgte als einer der ersten Vereine eine konkrete Strategie in Bezug auf das ökologische Engagement. Im Jahr 2020 feierte der Verein 10 Jahre Klimaneutralität, seit einigen Jahren erhält Mainz 05 das Energie-Zertifikat nach DIN EN ISO 50001 und mit einer jährlich stattfindenden „05er Klimaverteidiger-Woche" will der Verein aktiv Aufmerksamkeit für das Thema schaffen. Auch der SC Freiburg nutzt die eigene Strahlkraft um unter anderem mit den „Sport-Quartieren" Vereine, Schulen, Kitas und die Menschen in der Region wieder näher zusammenzubringen. Der SC will nicht nur auf sondern auch neben dem Platz für Respekt, Solidarität und Fairness einstehen.[54] „Werder bewegt – lebenslang" so heißt die CSR-Marke, die der SV Werder Bremen bereits 2012 gründete. Unter diesem Dach bündelt der Verein sein gesellschaftliches Engagement und möchte in und um Bremen aber auch darüber hinaus ein Zeichen setzen. Unter anderem die enge Vernetzung mit und in der Stadt Bremen sowie der ständige Dialog mit Partnern, Mitarbeitenden sowie den Mitgliedern und Fans des Vereins ist hierbei ein zentraler Baustein. Die TSG Hoffenheim hat 2019 eine neue Stabstelle „Unternehmensentwicklung" gebildet, in welcher auch das Thema CSR und das Konzept „TSG ist Bewegung" als eine der definierten Zukunftsaufgaben eingebettet ist. Ziel ist es, die eigene Entwicklung und gesellschaftliche Mehrwerte auf den fünf zentralen Handlungsfeldern Innovationen, Mitarbeiter und Spieler, Jugend und Fans, Ökologie sowie Afrika miteinander zu verbinden.[55]

Die nachfolgenden Beiträge sollen weitere Einblicke in die Arbeit der zuletzt genannten geben und exemplarisch für die vielschichtige Arbeit der Vereine aus der Bundesliga und 2. Bundesliga stehen. Es wird deutlich, wie intensiv schon seit vielen Jahren im Bereich des gesellschaftlichen Engagements gearbeitet wird.

---

[53] Vgl. Borussia Dortmund GmbH & Co. KGaA (2021), Nachhaltigkeitsbericht zur Saison 2019.
[54] Vgl. SC Freiburg (2021), Tätigkeitsbericht, o. S.
[55] Vgl. TSG Hoffenheim (2019), o. S.

# Literaturverzeichnis

Borussia Dortmund GmbH & Co. KGaA 2021: Verantwortung beim BVB. Online verfügbar unter https://verantwortung.bvb.de/2019/, zuletzt geprüft am 19.04.2022.

DFB - Deutscher Fußballbund (2021): DFB-Mitgliederstatistik. Online verfügbar unter https://www.dfb.de/verbandsstruktur/mitglieder/aktuelle-statistik/, zuletzt geprüft am 13.04.2022.

DFL Deutsche Fußball Liga (2021a): Wirtschaftsreport 2021. Online verfügbar unter https://www.dfl.de/de/ueber-uns/publikationen/dfl-report-archiv/, zuletzt geprüft am 13.04.2022.

DFL Deutsche Fußball Liga (2021b): Beschluss der DFL-Mitgliederversammlung: Nachhaltigkeit wird Lizenzierungskriterium für Bundesliga und 2. Bundesliga. Online verfügbar unter https://www.dfl.de/de/aktuelles/beschluss-der-dfl-mv-nachhaltigkeit-wird-lizenzierungskriterium/, zuletzt geprüft am 13.04.2022.

DFL Deutsche Fußball Liga (2021c): Arbeitsgruppen der „Taskforce Zukunft Profi-Fußball" kommen erstmals zusammen – Sieben Themenfelder für ergebnisoffene Diskussionen. Online verfügbar unter https://www.dfl.de/de/aktuelles/arbeitsgruppen-der-taskforce-zukunft-profifussball-kommen-erstmals-zusammen-sieben-themenfelder-fuer-ergebnisoffene-diskussionen/, zuletzt geprüft am 13.04.2022.

DFL Deutsche Fußball Liga (2021d): Zusammenfassender Ergebnisbericht der Taskforce Zukunft Profi-Fußball 03. Februar 2021. Online verfügbar unter https://media.dfl.de/sites/2/2021/02/2021-02-03_Zusammenfassender-Ergebnisbericht_Taskforce-Zukunft-Profifussball.pdf, zuletzt geprüft am 13.04.2022.

DFL Deutsche Fußball Liga (2021e): Verantwortung. Online verfügbar unter https://www.dfl.de/de/verantwortung/, zuletzt geprüft am 13.04.2022.

DFL Stiftung (o.J.): Unser Leitbild. Online verfügbar unter https://www.dfl-stiftung.de/wer-wir-sind/unser-leitbild/, zuletzt geprüft am 13.04.2022.

FIFA (2021): FIFA Climate Strategy builds on long-standing commitment to sustainability (2021). Online verfügbar unter https://www.fifa.com/social-impact/fifa-foundation/sustainabi-lity/news/fifa-climate-strategy-builds-on-long-standing-commit-ment-to-sustainability, zuletzt geprüft am 13.04.2022

Frankfurter Rundschau (2021): Sportsponsoring im Wandel: Ohne Nachhal-tigkeit keine Zukunft. Online verfügbar unter https://www.fr.de/sport/fussball/sportsponsoring-im-wandel-ohne-nachhaltigkeit-keine-zukunft-zr-91192214.html, zuletzt geprüft am 13.04.2022

ONE8Y – Sports Marketing Agency (2021): Studie zum freiwilligen gesell-schaftlichen Engagament des deutschen Profi-Fußballs (2019/2020)

SC Freiburg (2021): SC Freiburg Tätigkeitsbericht 2020/2021. Online verfüg-bar unter https://www.scfreiburg.com/engagement/unser-engage-ment/taetigkeitsbericht/, zuletzt geprüft am 19.04.2022

S 20 e.V. (2022): Schwerpunkte / Corporate Social Responsibility. Online verfügbar unter https://www.s20.de/schwerpunkte/, zuletzt geprüft am 13.04.2022

SPONSORs Verlags GmbH (2021): Das große Potenzial des (Profi-)Fuß-balls: Gesellschaftlicher Mehrwert durch Fokus auf ESG (2021). Online verfügbar unter https://www.sponsors.de/news/the-men/nachhaltigkeit-im-profifussball, zuletzt geprüft am 13.04.2022

TSG Hoffenheim (2019): TSG Hoffenheim bündelt Zukunftsaufgaben (2010). Online verfügbar unter https://www.tsg-hoffenheim.de/ak-tuelles/news/2019/01/tsg-hoffenheim-buendelt-zukunftsaufgaben/, zuletzt geprüft am 19.04.2022

United Nations Development Programme (2022): SDGs in action. Online verfügbar unter: https://www.undp.org/sustainable-development-goals, zuletzt geprüft am 13.04.2022

VfL Wolfsburg (2022): Soziales Engagement. Online verfügbar unter: https://www.vfl-wolfsburg.de/der-vfl/soziales-engagement, zuletzt geprüft am 13.04.2022

ZEIT ONLINE GmbH (2021): Die nachhaltigste Liga der Welt. Online verfügbar unter: https://www.zeit.de/sport/2021-12/fussball-bundesliga-nachhaltigkeit-umweltschutz-soziales/komplettansicht, zuletzt geprüft am 13.04.2022

# 4. FSV Mainz 05: Wie ein Bundesligist bereits 2010 klimaneutral wurde

*Christina Mayer*

## 4.1. Positive Grundeinstellung und umfangreiches Engagement

„Nachhaltigkeit wird Lizenzierungskriterium für Bundesliga und 2. Bundesliga"[56] – Mit dieser Schlagzeile wendet sich die DFL Deutsche Fußball Liga GmbH (DFL) im Dezember 2021 an die Öffentlichkeit. Zukünftig bekennt sich die DFL in ihrer Präambel zum Thema Nachhaltigkeit. Außerdem soll das Thema Nachhaltigkeit in der Lizenzierungsordnung verankert werden.[57] Mit diesem Schritt erhält Nachhaltigkeit einen höheren Stellenwert. Ihm geht jedoch bereits existierendes Engagement zahlreicher Bundesligisten voraus. Unter anderem ist dabei der 1. FSV Mainz 05 e.V. zu nennen, der sich bereits seit vielen Jahren für das Thema Nachhaltigkeit in all seinen Facetten einsetzt.[58]

Als Verein gegründet beruht die Arbeit des 1. FSV Mainz 05 e.V. auf einer Gemeinwohlorientierung, welche sich bis heute in der Arbeit des Vereins fortschreibt.[59] So heißt es in der Vereinssatzung "Der Verein fördert die Funktion des Sports als verbindendes Element zwischen Nationalitäten, Kulturen, Religionen und sozialen Schichten."[60] Im Leitbild des Vereins heißt es weiter "Wir leben gesellschaftliche Verantwortung täglich ganzheitlich vor und übernehmen im Profisport eine Vorreiterrolle beim sozialen und ökologischen Engagement. Menschen in Not helfen wir und unterstützen soziale Initiativen und Institutionen im Rahmen unserer Möglichkeiten. Wir sind seit 2010 der 1. klimaneutrale Verein der Bundesliga und arbeiten weiter kontinuierlich daran, unseren ökologischen Fußabdruck zu reduzieren."[61]

---

[56] DFL Deutsche Fußball Liga GmbH (2021), o.S.
[57] Vgl. ebd. (2021), o.S.
[58] Vgl. 1. FSV Mainz 05 e.V. (2022a), o.S.
[59] Vgl. 1. FSV Mainz 05 e.V. (2022a), o.S.
[60] Vgl. 1. FSV Mainz 05 e.V. (2021a), S. 4.
[61] Vgl. 1. FSV Mainz 05 e.V. (2021b), S.10.

Auf dieser Grundlage entwickelte sich über viele Jahre hinweg ein besonderes Bewusstsein für das Thema Nachhaltigkeit, welches Maßnahmen hervorbrachte, die in verschiedenster Hinsicht einen positiven Einfluss nehmen konnten.

Gestartet mit zahlreichen sozialen Initiativen, die einen starken Fokus auf Kinder und Jugendliche legten, über die Gründung eines eigenen Charity-Vereins, der das Engagement für unschuldig in Not geratene Menschen bündeln sollte, bis hin zur Klimaneutralität konnte sich bis heute ein gesellschaftliches Engagement entwickeln, das viele Themen adressiert. Um dieses umfangreiche Engagement langfristig ausrichten zu könnten, wurde 2018 ein Strategieprozess initiiert. Gemeinsam mit Mitarbeiterinnen und Mitarbeitern aus zahlreichen Abteilungen wurde mit externer Unterstützung zunächst das Engagement des Clubs analysiert, um auf dieser Grundlage Handlungsempfehlungen abzuleiten. Aus diesem Prozess heraus ist eine Corporate Social Responsibility (CSR)-Strategie entstanden, die eine Vision, Ziele und Maßnahmen enthält, aber auch Handlungsfelder für den Verein ableitet, in welchen sich dieser bewegt: Sport und Gesundheit, Bildung und Prävention, Gesellschaft und Solidarität, Klima und Umwelt sowie Inklusion, Integration und Vielfalt.[62]

Im Folgenden wird ein Fokus auf den Themenkomplex Klima und Umwelt gelegt werden. Dabei sollen insbesondere die Klimaneutralität und damit einhergehende Maßnahmen im Fokus stehen.

## 4.2. Positive Grundeinstellung trifft auf inhaltliche Partnerschaften

Auf der zuvor erläuterten Grundlage entwickelten sich zahlreiche inhaltliche Partnerschaften mit Sponsoren und Partnern des Clubs. Hervorzuheben ist dabei die Partnerschaft mit dem damaligen Haupt- und Trikotsponsor, ENTEGA AG, welche sich ab 2009 entwickelte. Eine positive Grundeinstellung traf auf neue Ideen und Vorschläge für den Klimaschutz.

Aus der Partnerschaft heraus ergaben sich Ansätze, die bis heute Bestand haben. So wurde der 1. FSV Mainz 05 e.V. bereits 2010 zum ersten klimaneutralen Verein der Bundesliga. Während Klimaneutralität heute in aller Munde ist, war es damals noch ein eher unberührtes Feld und dies insbesondere in der

---

[62] Vgl. 1. FSV Mainz 05 e.V. (2022a), o.S.

Bundesliga. Bis heute berechnet der 1. FSV Mainz 05 e.v. jährlich seinen $CO_{2e}$-Fußabdruck, analysiert diesen und kompensiert die nicht vermeidbaren Emissionen über Klimaschutzprojekte in Ruanda.[63]

Nach der Klimaneutralität folgte die Mission Klimaverteidiger, deren Ziel es war, durch verschiedene Aktivitäten Aufmerksamkeit für das Thema zu schaffen, aufzuklären und Anreize für klimafreundliches Handeln zu bieten. Im Zuge von Heim- oder Auswärtsspielen konnten so beispielsweise Fans kostenfrei ihre Fahrräder überprüfen lassen oder durch Anreise mit dem öffentlichen Nahverkehr Tickets gewinnen.[64]

Dieses Engagement entwickelte sich trotz Wechsels des Haupt- und Trikotsponsors weiter und findet sich noch heute in neuen Formaten und Initiativen wieder. Der Verein konnte demnach den Antrieb durch eine inhaltlich geprägte Partnerschaft nutzen, um sich selbst im Bereich Klimaschutz weiterzuentwickeln.

Bis heute sind viele Partnerschaften inhaltlich geprägt. Das CSR-Engagement ist vielfach unterstützt durch Partner, die sich finanziell, aber auch inhaltlich einbringen. So können Projekte, wie die 05ER Klimaverteidiger-Schule, der Young Climathon oder die Kompensation der An- und Abreise der Gastmannschaften umgesetzt werden – Neue Projekte, die zwar von Mainz 05 initiiert, aber ohne Partner nicht umsetzbar wären.[65]

Im Jahr 2021 konnte Mainz 05 einen Schritt weitergehen und eigene Wertepartnerschaften im Einklang mit dem 2021 verabschiedeten Leitbild einführen. Der 05ER Klimaverteidiger-Partner geht mit einer Selbstverpflichtung sowie einer Fördersumme einher, die in regionale Klimaschutzprojekte fließt.[66]

Zusammenfassend zeigt sich folglich, dass die positive Grundeinstellung, die sich aus der Gemeinwohlorientierung sowie aus bereits existierendem Engagement ergibt, Grundlage für gemeinsames Engagement mit Partnern war, das

---

[63] Vgl. 1. FSV Mainz 05 e.V. (2022b), o.S.
[64] Vgl. 1. FSV Mainz 05 e.V. (2022c), o.S.
[65] Vgl. 1. FSV Mainz 05 e.V. (2022d), o.S.
[66] Vgl. 1. FSV Mainz 05 e.V. (2022e), o.S.

sich im Bereich Klima und Umwelt mittlerweile zu eigenständigem Engagement mit Unterstützung von Partnern entwickelt hat.

## 4.3. Klimaneutralität als Impuls für weiterführende Maßnahmen: Der $CO_{2e}$-Fußabdruck als Grundlage

Seit 2010 agiert Mainz 05 klimaneutral. Um klimaneutral agieren zu können, muss zunächst der $CO_2$-Fußabdruck berechnet werden. Dieser wird betrachtet und analysiert, um Maßnahmen zur Reduktion und Vermeidung von Emissionen abzuleiten. Die nicht vermeidbaren Emissionen werden kompensiert und der 1. FSV Mainz 05 e.V. wurde somit zum 1. klimaneutralen Verein der Bundesliga. Klimaneutralität war für Mainz 05 jedoch nicht das finale Ziel. Im Sinne des Dreiklangs von Vermeidung, Reduktion und Kompensation wurde der $CO_2$-Fußabdruck als Grundlage genutzt, um später Maßnahmen implementieren zu können, die dazu beitragen, langfristig Emissionen zu reduzieren.[67] Die Klimaneutralität, die heute für so viele das Ziel ist, war für Mainz 05 demnach erst der Startpunkt für zahlreiche Maßnahmen zur Reduktion des $CO_{2e}$-Fußabdrucks. Der $CO_{2e}$-Fußabdruck erfasst direkte und indirekte Emissionen. Für den Verursacher heißt dies, dass die jeweiligen Emissionen direkt oder indirekt beeinflussbar sind. Alle Emissionen im direkten Bereich sind folglich etwas leichter zu beeinflussen als solche im indirekten sogenannten Scope.[68] Um direkten Einfluss auf die Emissionen nehmen zu können, führte Mainz 05 im Jahr 2015 ein Energiemanagement nach DIN ISO 50001 ein. Damit gehen verschiedene Aktivitäten einher, auf die im Folgenden näher eingegangen werden soll. Im Bereich der indirekten Emissionen ist im Besonderen die Mobilität der Fans im Rahmen der Heim- und Auswärtsspiele hervorzuheben, die stets den größten Faktor für den $CO_{2e}$-Fußabdruck darstellt. Gleichzeitig ist das wiederum ein Bereich, der nur indirekt über Anreize beeinflussbar ist. Um solche Anreize zu bieten, wurde die Mission Klimaverteidiger gemeinsam mit der ENTEGA AG ins Leben gerufen. Kern der Initiative ist es, Anreize für Fans zu schaffen, klimafreundlich zu agieren und das im Speziellen im Bereich der Mobilität. Später kamen unter neuem Titel 05ER Klimaverteidiger weitere Maßnahmen hinzu, um Anreize für klimafreundliches Verhalten zu schaffen, aber auch aufzuklären und Aufmerksamkeit für

---

[67] Vgl. 1. FSV Mainz 05 e.V. (2022b), o.S.
[68] Vgl. ebd. (2022b), o.S.

26

das Thema zu schaffen. Zu nennen ist hierbei beispielsweise die neue Maßnahme der klimafreundlichen Events in der MEWA ARENA.[69]

Auf diese drei Maßnahmen wird im Folgenden näher eingegangen.

## 4.4. Energiemanagement

Schon beim Bau der MEWA ARENA (die damalige Coface Arena) wurde
darauf geachtet, möglichst energieeffiziente Anlagen zu installieren. Nach
dem Umzug in die neue Heimspielstätte sollte weiter an dem Thema gearbeitet werden, um über diesen Weg auch Emissionen reduzieren zu können. So
entschied man sich 2015 für die Einführung eines Energiemanagementsys-
tems nach DIN ISO 50001. Es handelt sich dabei um eine weltweit gültige
Norm der International Organization for Standardization (ISO), die Organisationen und Unternehmen beim Aufbau eines systematischen Energiemanage-
ments unterstützt. Für eine gültige Zertifizierung unterzieht sich der 1. FSV
Mainz 05 e.V. regelmäßig einem intensiven Audit und wird auch dabei von
der ENTEGA AG unterstützt. Mit Einsatz dieses Systems können in der
MEWA ARENA Energiesparpotenziale identifiziert und gehoben werden.
Auf diese Weise können damit verbundene Treibhausgasemissionen gemin-
dert werden. Herzstück der Energieeffizienzmaßnahmen ist die Gebäudeleit-
technik, mit Hilfe derer es möglich ist, technische Anlagen zentral zu steuern
und zu regeln. Da mittlerweile seit Eröffnung der MEWA ARENA bereits
mehr als zehn Jahre vergangen sind, wird auch das Thema Technikumrüstung
immer relevanter. Ganzheitliche LED-Beleuchtung ist dabei nur eines der vielen Themen, die es zu beachten gilt. Letztlich gilt, dass bei der Anschaffung
neuer Anlagen darauf geachtet wird, möglichst energieeffizient nachzurüsten.
Bei der Auswahl erhalten die Mitarbeiterinnen und Mitarbeiter konkrete Vorgaben, an die es sich zu halten gilt.[70]

Mit einem konsequenten Energiemanagement möchte Mainz 05 demnach direkten Einfluss auf den $CO_{2e}$-Fußabdruck nehmen und die Emissionen ver-
meiden bzw. reduzieren.

---

[69] Vgl. 1. FSV Mainz 05 e.V. (2022d), o.S.
[70] Vgl. ebd. (2022d), o.S.

## 4.5. 05ER Klimaverteidiger

2014 als Mission Klimaverteidiger gegründet, fasst 05ER Klimaverteidiger mittlerweile alle Aktivitäten rund um den Klimaschutz zusammen. Die Mission wurde damals ins Leben gerufen, um Fans und Vereinsmitarbeiter für den Klimaschutz zu sensibilisieren. Mittlerweile stellt diese Aufgabe eine unter zahlreichen Maßnahmen dar, besitzt aber weiterhin einen hohen Stellenwert. Der 1. FSV Mainz 05 e.V. ist in der Lage, die emotionale Strahlkraft als Verein zu nutzen, um auf ein solch wichtiges Thema aufmerksam zu machen, und spielerisch zu klimafreundlichem Handeln zu bewegen. Insbesondere im Bereich der Mobilität kommt dieser Aufgabe, aber auch diesem Potenzial, eine besondere Bedeutung zu. Über Anreize muss der 1. FSV Mainz 05 e.V. es schaffen, seine Fans zu einer klimafreundlicheren Anreise zu bewegen, um letztlich Emissionen reduzieren zu können.[71] Doch nicht nur Mobilität lässt sich über Anreize klimafreundlicher gestalten, auch Ernährung oder gesellschaftliches Engagement sind Themen, die Mainz 05 aktiv durch Anreize mitgestalten kann. Ein besonderes Beispiel dafür, wie Mainz 05 sich in diesem Zusammenhang bemüht, stellt der 05ER Klimaverteidiger-Spieltag dar, welcher in dieser Form zum ersten Mal im Frühjahr 2022 stattfinden konnte. Zum ersten Mal sollte ein Spieltag im Zeichen des Klimas stehen und damit möglichst viele Bereiche adressieren. Mit einem kostenlosen Fahrrad-Check sollte zu diesem Spieltag dazu bewegt werden, auf dem Zweirad anzureisen.[72] Auch gab es für all diejenigen, die klimafreundlich angereist sind, ein kleines Dankeschön. Bereits im Vorfeld des Spieltages gab es für die Fans die Möglichkeit, sich zu engagieren, denn im Ticket-Preis war eine Abgabe in Höhe von einem Euro enthalten, die in einen Fördertopf fließen sollte, um so regionale Klimaschutzprojekte zu unterstützen. Im Stadion angekommen gab es auf der Fläche vor der MEWA ARENA viele Möglichkeiten, Klimaschutz zu erleben. Dort stellten unter anderem Unternehmen ihre innovativen Angebote vor. Klimaschutz sollte auf diese Weise erlebbar gemacht werden. Auch das Catering wurde an diesem Spieltag einer Anpassung unterzogen. Für die Fleischerzeugnisse setzte man auf regionale, zertifizierte Qualitätsprodukte. Um begleitend auf viele weitere Themen aufmerksam machen zu können, konnten sich die Fans auf den Kanälen des Vereins über die Maßnahmen des Clubs, aber auch über Aktivitäten rund um den Spieltag informieren. Mit einem Videobeitrag zeigte der 1. FSV Mainz 05 e.V. dabei beispielsweise auf, wie es bereits heute möglich ist, sich in verschiedenen Zusammenhängen für einen

---

[71] Vgl. 1. FSV Mainz 05 e.V. (2022d), o.S.
[72] Diese Maßnahme konnte aufgrund einer Verlegung des Spiels leider nicht umgesetzt werden.

klimafreundlicheren Spieltag zu entscheiden. Angefangen bei der Anreise, über den Fanshop bis hin zur Entsorgung der Pfandbecher bieten sich den Fans bereits zahlreiche Möglichkeiten. Eingebettet wurde der Spieltag in eine Aktionswoche, sodass eine Woche das Thema Klimaschutz im Fokus stand – Ein besonderes Beispiel, welches zeigt, dass es auch indirekt Möglichkeiten gibt, einen Beitrag zum Klimaschutz zu leisten.

## 4.6. Klimafreundliche Events

Ein Ziel bei der Schaffung von Anreizen für Fans zur Verwirklichung klimafreundlichen Verhaltens, ist die Reduktion von Emissionen. Ein weiteres ist es sicherlich, im Allgemeinen zu sensibilisieren, sodass klimafreundliches Verhalten sich auch auf andere Bereiche überträgt. Nicht nur Fans stellen dabei eine Zielgruppe dar, auch sollen Kunden für das Thema sensibilisiert werden. So setzt der 1. FSV Mainz 05 e.V. ab 2022 auf klimafreundliche Veranstaltungen in seinem Angebot. Damit möchte der Verein einen Beitrag zum Schutz der Umwelt leisten, aber auch ein Angebot schaffen, sodass sich Kunden in der MEWA ARENA für die klimafreundlichere Variante der Umsetzung ihrer Veranstaltung entscheiden können. In diesem Zusammenhang wird der $CO_{2e}$-Fußabdruck der Veranstaltungen berechnet, um damit gleichzeitig aufzuzeigen, wo es Möglichkeiten der Reduktion gibt. Beispielsweise ergeben sich diese Möglichkeiten für die Bereiche Mobilität und Catering. Es soll eine intensive Aufklärung stattfinden, um mit den Kunden die bestmögliche Lösung zu finden. Die unvermeidbaren Emissionen werden zum Ende des Prozesses erfasst und über ausgewählte Klimaschutzprojekte kompensiert.[73]

Eine weitere Maßnahme, die sich auf Grundlage der intensiveren Aktivitäten ab dem Jahr 2010 ergeben hat und das Engagement des rheinland-pfälzischen Vereins bereichert.

## 4.7. Klimaneutraler Verein der Bundesliga und heute einer unter vielen? - Wie sich der 1. FSV Mainz 05 weiterentwickeln möchte

Wie bereits erläutert, hat sich der 1.FSV Mainz 05 e.V. 2010 klimaneutral stellen können. Was heute als Zielvorstellung nicht mehr wegzudenken ist, war zur damaligen Zeit ein noch unberührtes Feld. So wurde Mainz 05 bereits früh klimaneutral, während viele andere Vereine dieses Ziel für weiter in die

---

[73] Vgl. 1. FSV Mainz 05 e.V. (2022d), o.S.

Zukunft datieren. Zunächst muss dabei jedoch festgehalten werden, dass der Begriff der Klimaneutralität irreführend ist. Der 1. FSV Mainz 05 e.V. hat mit der Veränderung der Berechnungsmethode für den $CO_{2e}$-Fußabdruck 2018/19 die Datenerhebungspunkte entsprechend des Greenhouse Gas Protocols erweitern können. So bezieht der Verein in die Berechnung beispielsweise mittlerweile auch die Abteilungen Handball und Tischtennis mit ein. Ziel der Veränderung der Berechnungsmethode sollte es sein, möglichst alle Emissionen zu erfassen. In diesem Zusammenhang muss jedoch betont werden, dass der Verein sich über die Schwierigkeit dieses Vorhabens bewusst ist. Alle klimarelevanten Aktivitäten zu erfassen, ist schwierig bis unmöglich. Dementsprechend sollte mit dem Begriff der Klimaneutralität vorsichtig umgegangen werden, da eine vollkommene Klimaneutralität auf dieser Grundlage schwer zu realisieren ist. Der 1. FSV Mainz 05 e.V. möchte sich daher in Zukunft intensiver mit der Begrifflichkeit auseinandersetzen.[74] Auch ist es erklärtes Ziel, die Datengrundlage immer wieder zu hinterfragen und zu verbessern, um bestmögliche Voraussetzungen zu schaffen. Wenn es für andere Vereine das Ziel ist, bis zu einem bestimmten Jahr klimaneutral zu werden, muss sich für den 1. FSV Mainz 05 die Frage stellen, was in diesem Kontext das Ziel für den Verein sein kann.

Wie im Beitrag bereits deutlich wurde, ist die Klimaneutralität als Grundlage zu betrachten, mittels derer Verbesserungsprozesse eingeleitet werden können. Im Kern geht es um die Vermeidung und Reduktion von Emissionen. Letztlich sollte der $CO_{2e}$-Fußabdruck in Zukunft den Wert der Emissionen widerspiegeln, der wirklich unvermeidbar ist. Um dorthin zu gelangen, ist es auf verschiedene Weisen möglich, Emissionen durch direkte Maßnahmen und Anreizsetzungen zu reduzieren.

Was in diesem Zusammenhang noch fehlt, ist eine konkrete Strategie. Wie möchte der 1. FSV Mainz 05 e.V. es erreichen, die Emissionen so weit wie möglich zu reduzieren und in welchem zeitlichen Horizont ist das denkbar und angestrebt? Daraus ergibt sich der Handlungsbedarf für den Verein. Es bedarf einer konkreten Klima-Strategie, um aufzuzeigen, wie sich der Club in den kommenden Jahren in diesem Bereich entwickeln möchte. Dieser herausforderung stellt sich der Verein in den kommenden Jahren. Hierzu könnten

---

[74] Vgl. 1. FSV Mainz 05 e.V. (2022b), o.S.

die Veränderungen in der Lizenzierungsordnung für das Thema Nachhaltigkeit und im Speziellen Klimaschutz einen großen Beitrag leisten.

# Literaturverzeichnis

DFL Deutsche Fußball Liga GmbH (2021): Beschluss der DFL-Mitgliederversammlung: Nachhaltigkeit wird Lizenzierungskriterium für Bundesliga und 2. Bundesliga, 14.12.2021, in: https://www.dfl.de/de/aktuelles/beschluss-der-dfl-mv-nachhaltigkeit-wird-lizenzierungskriterium/, Zugriff am 26.02.2022.

1. FSV Mainz 05 e.V. (2022a): Gesellschaftliche Verantwortung bei Mainz 05, in: https://www.mainz05.de/engagement/unsere-verantwortung/, Zugriff am 26.02.2022.

1. FSV Mainz 05 e.V. (2021a): Vereinssatzung 1. FSV Mainz 05 e.V., Mai 2021, in: https://www.mainz05.de/fileadmin/backup.user_upload/Verein/Vereinssatzung_Mai_2021.pdf, Zugriff am 26.02.2022.

1. FSV Mainz 05 e.V. (2021b): Der Mainzer Weg, 28.03.2021, in: https://www.mainz05.de/verein/leitbild/, Zugriff am 26.02.2022.

1. FSV Mainz 05 e.V. (2022b): Klimaneutralität, in: https://www.mainz05.de/engagement/05er-klimaverteidiger/klimaneutralitaet/, Zugriff am 26.02.2022.

1. FSV Mainz 05 e.V. (2022c): Mission Klimaverteidiger – 05ER für den Klimaschutz, in: https://www.mainz05.de/engagement/05er-klimaverteidiger/05er-fuer-den-klimaschutz/, Zugriff am 26.02.2022.

1. FSV Mainz 05 e.V. (2022d): Aktionen und Initiativen, in: https://www.mainz05.de/engagement/05er-klimaverteidiger/aktionen-initiativen/, Zugriff am 26.02.2022.

1. FSV Mainz 05 e.V. (2022e): Wertepartnerschaften, in: https://www.mainz05.de/business/sponsoring/wertepartnerschaften/, Zugriff am 26.02.2022.

# 5. SC Freiburg – mehr als Fußball

*Tobias Rauber*

## 5.1. Nachhaltigkeit beim SC Freiburg

Nachhaltigkeit ist seit vielen Jahren ein wichtiges Thema für den Sport-Club Freiburg e.v. und Teil seiner DNA, was auch die Verankerung in der Satzung des Vereins zeigt. Seit 2015 bündelt der Sport-Club sein Engagement unter dem Motto „SC Freiburg – mehr als Fußball" und koordiniert alle Maßnahmen in der Abteilung „Gesellschaftliches Engagement". Für die Saison 2020/21 gab es erstmals einen gemeinsamen Tätigkeitsbericht über das gesellschaftliche Engagement des SC Freiburg, das vom Förderverein Freiburger Fußballschule und der Achim-Stocker-Stiftung unterstützt wird. Damit geht der SC auch die Zielvorgaben der „Taskforce Profi-Fußball" der Deutschen Fußball-Liga an, mit der sich die Proficlubs zu einer Vertiefung ihrer gesellschaftlichen Verantwortung verpflichtet haben.

1995 war der SC der erste Fußballverein, der Solaranlagen auf das Stadiondach gebaut hatte und dass das langjährige Engagement aktuell mit dem Thema „Breitensportförderung" einen richtigen Schwerpunkt gewählt hat, untermauern alarmierende Zahlen, auf die in 1.1. eingegangen werden soll. Der Sport-Club bewegt dabei bei vielfältigen Sportprogrammen pro Saison rund 20.000 vornehmlich junge Menschen in Freiburg und der Region. Menschen zu bewegen, heißt für uns aber auch, sowohl auf als auch neben dem Platz für Respekt, Solidarität und Fairness einzustehen. Auch beim Umweltschutz wird es in den kommenden Jahren große Herausforderungen geben. Ein zufriedener Blick auf das bereits Geleistete sei dennoch erlaubt: So war der Stadionneubau auch ökologisch ein Quantensprung. Auf dem Dach des Europa-Park Stadions entsteht eine Photovoltaikanlage, die den Strombedarf des gesamten Stadions decken wird. Zudem wird der komplette Wärmebedarf des neuen Stadions mit Fernwärme gedeckt. Mit 3.700 Fahrradstellplätzen, E-Ladesäulen sowie neuen Haltestellen für Straßenbahn und Busse wurden zudem optimale Voraussetzungen geschaffen, um ohne Auto zu den Heimspielen anzureisen.

## 5.2. Aktuelle gesellschaftliche Herausforderungen

Der Sport-Club Freiburg e.V. ist ein Verein, dessen erste Frauen- und Herren-mannschaft in der Ersten Fußball-Bundesliga spielen. Als Aus- und Weiter-bildungsverein verfolgt der SC Freiburg im deutschen Spitzenfußball einer-seits das Ziel, mit seinen Frauen-, Herren- und Nachwuchsmannschaften hochklassig zu spielen und seine Spieler*innen und Trainer*innen auf dem Weg zu diesem Ziel so gut wie möglich auszubilden – als Fußballer*innen und Persönlichkeiten.

Andererseits baut der SC sein Engagement im Breitensport kontinuierlich aus, um mit seinen 35 Partner- und Kooperationsvereinen sowie seinen 17 Partner-Grundschulen und vier Partner-Kindertagesstätten die Sportbegeisterung in der Stadt Freiburg und der Region stärker zu fördern und weiterzuentwickeln. Gemeinsam wird die Kraft des Sports genutzt, um aktuelle gesellschaftliche Herausforderungen zu bewältigen: Laut der Weltgesundheitsorganisation (WHO) ist Bewegungsmangel eine der größten Herausforderungen im 21. Jahrhundert. In Deutschland verfehlen mehr als 80 Prozent der Kinder und Jugendlichen die von der WHO geforderte tägliche Bewegungszeit von 60 Minuten.[75] Der im Oktober 2020 veröffentlichte vierte Kinder- und Jugend-sportbericht unterstreicht diese Entwicklung und zeigt außerdem auf, dass veränderte gesellschaftliche Rahmenbedingungen zu einem Rückgang der Alltagsaktivitäten von Kindern und Jugendlichen geführt haben: der frühzei-tige und mitunter ganztägige Besuch von Kindertagesstätten, die veränderte Struktur des Schulsystems und die fortschreitende digitale Vernetzung durch Smartphones und soziale Netzwerke. Hinzu kommen ein in ganz Deutschland vorherrschender (Sport-)Lehrer*innenmangel, der sinkende Anteil des Sport-unterrichts am Schulcurriculum und sinkende Mitgliederzahlen von Sportver-einen. Allein in Südbaden wurde in den letzten zehn Jahren jede fünfte Jun-gen- und jede zweite Mädchen-Fußballmannschaft vom Spielbetrieb abge-meldet.[76] Fatale Entwicklungen, die durch die Corona-Pandemie weiter ver-schärft wurden. Die Corona-Ergänzungsstudie „MoMo"[77] sagt, dass im zwei-ten Lockdown nur noch 17,02% der vier- bis siebzehnjährigen die von der WHO geforderte tägliche Bewegungszeit von 60 Minuten erfüllt haben, die sportliche Aktivität ging um 60% zurück, gleichzeitig stieg die Mediennut-zung von 131 Minuten pro Tag vor der Pandemie auf 228 Minuten pro Tag

---

[75] Vgl. Breuer, C. et. al. (2020), o. S.
[76] Vgl. Südbadischer Fußballverband, interne Präsentation.
[77] Vgl. dazu Schmidt, S. C. E. et. al. (2021).

im zweiten Lockdown. 26,6% der normalgewichtigen Kinder und Jugendlichen und 70% der übergewichtigen Kinder und Jugendlichen berichten von einer Gewichtszunahme im zweiten Lockdown.

Die Herausforderungen bei den südbadischen Fußballvereinen gehen darüber hinaus und wie vermutlich überall in Deutschland, ist es mittlerweile sehr schwierig ehrenamtliche Vereinsmitarbeiter*innen zu finden, viele Fußballvereine sind in ihrer Entwicklung stehen geblieben und die Strukturen der Vereine teilweise veraltet. Hinzu kommt, dass oftmals gut ausgebildete Trainer*innen fehlen, dadurch die Qualität der Trainingseinheiten leidet und Kinder somit den Spaß am Sport verlieren und andere Freizeitmöglichkeiten vorziehen.

Neben den Vereinen haben wir uns die Situation in Kindertagesstätten angeschaut. Oftmals spielt in Freiburger Kindertagesstätten Sport kaum oder gar keine Rolle und in Grundschulen kommt das Problem hinzu, dass ein Großteil der Lehrer*innen, die in Grundschulen das Fach Sport unterrichten, keine Ausbildung im Fach Sport erfahren haben. Um es auf die Spitze zu treiben, heißt das: es gibt viele Schüler*innen, die im Laufe ihrer vier Grundschuljahre nie von einer ausgebildeten Sportlehrkraft unterrichtet wurden.[78]

Diesen Herausforderungen setzt der vierte Kinder- und Jugendsportbericht aber auch das Ergebnis entgegen, dass 80 % aller Kinder ein sportliches Hobby haben und 75 % davon den Sport als Lieblingstermin in ihrer Woche empfinden. Daran setzt die Sport-Quartiers-Idee des SC Freiburg an.

## 5.3. Die Sport-Quartiers-Idee

Neben den genannten gesellschaftlichen Herausforderungen, wurden auch beim SC Freiburg Herausforderungen und Potentiale erkannt. Der SC Freiburg bietet bereits seit 2004 verschiedene Bewegungs- und Sportangebote in Grundschulen und Vereinen an. In den Grundschulen in der Stadt Freiburg ist dies vor allem die Füchsle-Ballschule nach dem Konzept der Ballschule Heidelberg, ergänzt wird dieses Sportangebot seit 2018/2019 von der Funiño-AG, einer Fußball-AG für Grundschüler*innen. Seit 2010 bietet der Sport-Club darüber hinaus Füchsle-Camps, Fußball-Ferienfreizeiten bei regionalen Breitensportvereinen an. 2022 sind das insgesamt 25 dreitägige Fußball-Camps

---

[78] Vgl. Deutscher Sportbund (2006), o.S.

für Kinder bis 13 Jahre. Seit 2020/21 kommt das Angebot der Mini-Ballschule in Zusammenarbeit mit der „beruf leben akademie",[79] einer Einrichtung für Kindertagesstätten mit Weiterbildungsseminar in Freiburg, hinzu. Gestartet als Pilotprojekt mit einer Kindertagesstätte, findet dieses wöchentliche Sportangebot in der Saison 2021/22 bei vier Kindertagesstätten statt. Hinzu kommen vielfältige Fortbildungsmaßnahmen für Mitarbeiter*innen von Kindertagesstätten, Grundschulen und Vereinen – oftmals in Kooperation mit weiteren Akteur*innen der Stadt und Region.

Insgesamt also verschiedene Maßnahmen, die gut funktionieren, aber nicht den Kern der genannten Herausforderungen strukturell bearbeiten. Daher wurde die Entscheidung getroffen, zukünftig nicht nur Sportprogramme und Fortbildungen anzubieten, sondern die verschiedenen Akteur*innen in einem Sozialraum strukturell zu unterstützen, um dadurch das Sportvereinsmodell nicht nur zu sichern, sondern in Zusammenarbeit mit Breitensportvereinen weiterzuentwickeln und fit für die Zukunft zu machen. Mit dem Aufbau von sogenannten Sport-Quartieren und der Weiterentwicklung der sportartübergreifenden und inklusiven Sportprogramme im Zusammenspiel mit Kindertagesstätten, Grundschulen, Sportvereinen und sozialen Einrichtungen soll diesen verschiedenen Herausforderungen seit der Saison 2021/22 entgegengewirkt werden.

Ein Sport-Quartier ist ein begrenztes Gebiet (Stadt, Stadtteil, Dorf), in dem der SC Freiburg zusammen mit Kooperationspartner*innen Kindertagesstätten, Grundschulen, Sportvereine und weitere Einrichtungen im jeweiligen Sozialraum miteinander vernetzen möchte. In jedem Bezirk, jedem Stadtteil und jeder Gemeinde gibt es viele Akteur*innen, die in verschiedenen Institutionen Kinder mit und für Sport begeistern. Doch nicht immer wissen sie (viel) voneinander. Das möchte der Sport-Club mit dem Aufbau der Sport-Quartiere ändern, um gemeinsam an der Vision, dass alle Menschen in Südbaden (Vereins-)Sportler*innen werden können und die Grundlage für eine lebenslange Sportbegeisterung gelegt werden kann, zu arbeiten.

Ein wichtiger Meilenstein konnte 2021 geschafft werden: für die Zusammenarbeit in Freiburg wurden mit der Stadt Freiburg, der step stiftung, der beruf

---

[79] Vgl. Kindertageseinrichtung Junikäfer (2022), o. S.

leben akademie sowie der Eisvögel Freiburg weitere Kooperationspartner*innen gefunden, mit denen die Idee nun gemeinsam unter dem Titel „Sport-Quartiere Freiburg" bearbeitet werden und Synergien geschaffen werden können. Dafür wurde ein Steuerungsteam ins Leben gerufen, um die Idee der Sport-Quartiere auszubauen und gemeinsam weiterzuentwickeln. Unter anderem wurde durch die Kooperationspartner*innen beschlossen, dass zunächst diese vier Sport-Quartiere aufgebaut werden sollen: Sport-Quartier Zähringen, Sport-Quartier Littenweiler-Waldsee-Wiehre, Sport-Quartier Weingarten und Sport-Quartier St. Georgen.

## 5.4. Die SC-Bausteine der Sport-Quartiers-Idee

Im Folgenden soll auf die verschiedenen Bausteine der Sport-Quartiers-Idee eingegangen werden, die der SC Freiburg als Initiator zur Sport-Quartiers-Idee einbringt.

### 5.4.1. Kindertagestätten:

Mini-Ballschule[80]

Seit dem Kindergarten-Jahr 2020/21 bietet der SC Freiburg die Mini-Ballschule in Kooperation mit der beruf leben akademie an. Die Kindertagesstätte „KiTa Vielfalt" des Junikäfer Trägerverbunds in Freiburg-Zähringen war die erste Kindertagesstätte, mit der der Sport-Club dieses Sport-Angebot durchführte, in der Saison 2021/22 sind es bereits vier. In der Mini-Ballschule wird Kindern im Alter von drei bis sechs Jahren das "ABC des Ballspielens" vermittelt. Die Übungsleiter*innen arbeiten bei der Mini-Ballschule nach dem Konzept der Ballschule Heidelberg.[81] Dabei sollen die teilnehmenden Mädchen und Jungen möglichst viele unterschiedliche Ball- und Bewegungsspiele kennenlernen können. Egal mit welchem Ball gespielt wird: Die Kinder und ihre motorische wie persönliche Entwicklung stehen stets im Mittelpunkt. Neben der Förderung grundlegender motorischer Fähigkeiten wird auch das Thema „sprachliche Bildung" als festes Querschnittsthema in den Ablauf der Mini-Ballschul-Einheiten integriert. Damit Kinder ein reichhaltiges Sprachangebot erhalten können, müssen sie die Gelegenheit bekommen, selbst zu sprechen. Nach diesem Motto bildet Bewegung nicht nur eine Voraussetzung

---

[80] Vgl. SC Freiburg (2022e), o. S.
[81] Vgl. Vision BewegungsKinder (2022), o. S.

für die Sprachentwicklung, sondern stellt zugleich einen wichtigen Sprachanlass dar. Im Rahmen der Mini-Ballschule sollen vielfältige Möglichkeiten geschaffen und bewusst genutzt werden, um die Kinder in sprachliche Situationen zu verwickeln. Geleitet wird die Mini-Ballschule von lizenzierten Fußballtrainern*innen und Sportstudenten*innen in Kooperation mit der Kindertagesstätte.

### 5.4.2. Grundschulen

Füchsle-Ballschule[82]

Mit seinem wöchentlich stattfindenden Bewegungsangebot bei seinen Partnerschulen, vermittelt der SC Freiburg das „ABC des Ballspielens". Hier können die Kinder viele unterschiedliche Ball- und Bewegungsspiele kennenlernen. Die Füchsle-Ballschule wird seit 2004 angeboten und im Schuljahr 2021/22 ist der Sport-Club damit an zwölf Grundschulen in Freiburg und Umgebung vertreten, das Sportprogramm wird in den jeweiligen Sporthallen der Schulen durchgeführt – teilweise als AG, teilweise im Rahmen des Sportunterrichts oder der Nachmittagsbetreuung.

Funiño-AG[83]

Die Funiño-AG bietet Kindern der Klassen eins bis vier ein altersgerechtes Fußballprogramm mit vielen verschiedenen Spiel- und Übungsformen nach dem Kinderfußball-Konzept des SC Freiburg. Die Funiño-AG wird 2021/22 an sechs Grundschulen in Freiburg angeboten und in den jeweiligen Sporthallen der Schulen durchgeführt.

### 5.4.3. Vereine

Füchsle-Camps[84]

"Füchsle-Camps" sind dreitägige Fußball-Freizeiten für Kinder, die der SC Freiburg mit und bei Amateurvereinen in der Region organisiert. An drei Tagen erleben jährlich über 1.600 Kinder ein buntes Fußballprogramm mit dem

---

[82] Vgl. SC Freiburg (2022f), o. S.
[83] Vgl. SC Freiburg (2022c), o. S.
[84] Vgl. SC Freiburg (2022d), o. S.

Sport-Club. Die Vermittlung grundlegender fußballerischer Fähigkeiten steht dabei immer im Zeichen eines solidarischen und fairen Miteinanders – damit die Jungs und Mädchen während eines Camps nicht nur lernen, besser mit dem Ball, sondern auch miteinander umzugehen. Das Angebot der Füchsle-Camps richtet sich im Jahr 2022 an Jungs und Mädchen der Jahrgänge 2009 bis 2014. Ob sie schon im Verein spielen oder nicht, spielt keine Rolle. Die Füchsle-Camps dauern drei Tage. Einschließlich einer gemeinsamen Mittagspause samt Mittagessen geht das Programm an den ersten zwei Tagen von 9.30 bis 15.30 Uhr und am dritten Tag von 9.30 bis 15.00 Uhr. Die Einheiten werden von Trainern*innen des SC Freiburg geleitet. Die Trainingsinhalte entsprechen dem Kinderfußball-Konzept des SC Freiburg. Bei allem steht der Spaß der Kinder am Fußball und an der Bewegung im Mittelpunkt. Darüber hinaus sollen Werte wie Respekt, Solidarität und Fairness vermittelt werden. Unter anderem dürfen sich die Kinder und Eltern auf folgende Inhalte freuen: Team-Training mit sportartenübergreifenden Elementen aus dem Konzept der Ballschule Heidelberg, Finten-Schulung sowie Spielformen wie zum Beispiel Dribbel-Fußball und Funiño, Füchsle-Abzeichen, Mini-Turnier sowie einem Familien-Nachmittag.

### 5.4.4. Bolzplätze

kick mobil[85]

Das kick mobil ist ein Kooperationsprogramm der step stiftung und des SC Freiburg, verantwortet wird das Programm von der step stiftung. Dabei handelt es sich um ein mit innovativen Spiel- und Sportmaterialien ausgestatteten Kleinbus, der Kindern und Jugendlichen auf Bolzplätzen in unterschiedlichen Freiburger Stadtteilen einen einfachen Zugang zu Sport und Bewegung bietet. Das Programm ist eine Antwort auf die bewegungsarme Zeit im Zuge der Einschränkungen durch die Corona-Pandemie. Zudem ist der Zugang zum aktiven Sporttreiben häufig vom sozialen Hintergrund der Familie abhängig. Umso wichtiger ist es, Kinder und Jugendliche aus sozial schwächeren Familien „abzuholen". Das kick mobil reagiert mit einem mobilen Spiel-, Sport- und Bewegungsangebot auf Bolzplätzen und ermöglicht einen unkomplizierten Zugang für Kinder und Jugendliche aus allen Lebenslagen. Es fördert die Quartiers- und Netzwerkarbeit, indem Kooperationspartner*innen aus unter-

---

[85] Vgl. SC Freiburg (2022a), o. S.

schiedlichen Bereichen einbezogen werden: Wohnheime für Geflüchtete, Akteure der Kinder- und Jugendarbeit und lokale Sportvereine. Durch das kick mobil werden öffentliche Sport- und Bewegungsräume belebt, die Jugendlichen kommen in Austausch miteinander und knüpfen neue Kontakte. Begleitet werden sie dabei von ausgebildeten Trainer*innen der step stitung und des SC Freiburg. Das Programm zielt auf die Förderung der Integration, der sozialen Mobilität und der Partizipation ab und stellt die Vermittlung persönlicher und sozialer Kompetenzen durch Sport in den Fokus.

### 5.4.5. Kindertagestätten, Grundschulen, Vereine

Fortbildungen[86]

Als Aus- und Weiterbildungsverein engagiert sich der SC Freiburg auf und neben den Plätzen der Region. Ob Lehrer*innen, Mitarbeiter*innen der Schulkindbetreuung oder Trainer*innen aus Amateurfußballvereinen: Sie alle bekommen bei den Fortbildungen des Sport-Club interessante und sportartübergreifende Einblicke in die Arbeit des SC Freiburg und seiner Kooperationspartner. Damit auch sie in ihren Schulen und Vereinen die Kinder und Jugendlichen für mehr Bewegung begeistern können. Unterstützt wird der Sport-Club bei seinen Qualifizierungs-Maßnahmen vom Südbadischen Fußballverband, der beruf leben akademie und anderen Freiburger Spitzensportvereinen wie den USC Freiburg Eisvögeln (Basketball), der FT 1844 Freiburg (Volleyball) oder den Red Sparrows HSG Freiburg (Handball).

Netzwerktreffen

Im Juli 2021 fand zum ersten Mal ein Netzwerktreffen für alle Partner-Kindertagesstätten, Partner-Grundschulen und Partner-Vereine statt. Zukünftig soll jede Saison mindestens ein Netzwerktreffen stattfinden, um gemeinsam an der Weiterentwicklung der Sport-Quartiers-Idee zu arbeiten, die Akteur*innen miteinander zu vernetzen und sich über die Fortschritte vor Ort auszutauschen. Das nächste Netzwerktreffen ist am 25. Juni 2022 in Freiburg geplant.

---

[86] Vgl. SC Freiburg (2022b), o. S.

Sport-Quartiers-Treffen

Wesentlicher Bestandteil der Sport-Quartiers-Idee ist es, die Akteur*innen aus dem jeweiligen Sozialraum mindestens einmal pro Saison bei einem Sport-Quartiers-Treffen zusammenzubringen. Auf Einladung vom SC Freiburg treffen sich Kindertagesstätten, Schulen, Vereine sowie weitere soziale Institutionen des Quartiers, um eine gemeinsame Saisonplanung abzustimmen, Synergien zu schaffen und zusammen die Sportstruktur im Quartier zu stärken.

## 5.5. Bundesliga bewegt[87]

Auf Initiative von DFL Stiftung, SV Werder Bremen und Sport-Club Freiburg wurde das Programm „Bundesliga bewegt" initiiert und seit Oktober 2021 von insgesamt 24 Clubs der Bundesliga und 2. Bundesliga durchgeführt. Unterstützt wird das Programm vom Förderprogramm „AUF!"leben der Bundesregierung. Das Programm „Bundesliga bewegt" will das Engagement der Proficlubs im Breitensport bündeln, vernetzen und stärken, um die Angebote noch besser zu verzahnen. Kinder sollen so nachhaltig in Bewegung gebracht werden. Ziel des Programms ist es, Kindern und Jugendlichen 365 Tage im Jahr Zugang zu hochwertigen, sportartenübergreifenden und aufeinander aufbauenden Bewegungsangeboten in ihrer Nähe zu ermöglichen. So tun sie mit viel Spaß etwas für ihre Gesundheit und Zukunft.

## 5.6. Fazit

Breitensportförderung ist einer der wesentlichen Bestandteile des gesellschaftlichen Engagements des SC Freiburg und in Verbindung mit der Spitzensportförderung des Vereins im Nachwuchsleistungszentrum, der Freiburger Fußballschule, sowie der Frauen- und Mädchenfußballabteilung ein wesentlicher Bestandteil der Nachwuchsförderung des Vereins: ohne Breiten-, kein Spitzensport und so ist das Motto des Förderverein Freiburger Fußballschule „Breite stärken, Spitze fördern, verantwortlich handeln" weiterhin passend und aufgrund der genannten gesellschaftlichen Herausforderungen gerade durch die Corona Pandemie brandaktuell. Die genannten Weiterentwicklungen, unter anderem die Zusammenarbeit mit der Stadt Freiburg, der step stiftung, der beruf leben akademie und der Eisvögel Freiburg sowie im Rahmen von „Bundesliga bewegt" mit weiteren Bundesligaclubs, aber auch die

---

[87] Vgl. DFL-Stifung o. J., o. S.

anstehende Aufnahme von Nachhaltigkeitskriterien in die Lizenzierung aller Erst- und Zweitligisten durch die Deutsche Fußball Liga stimmen zuversichtlich und zeigen auf, dass die Sport-Quartiers-Idee eine Lösung für die vielfältigen gesellschaftlichen Herausforderungen dieser Zeit sein kann.

## Literaturverzeichnis:

Breuer, C./Joisten, C./Schmidt, W. (Hrsg.) (2020). Vierter Deutscher Kinder- und Jugendsportbericht. Gesundheit, Leistung und Gesellschaft, Schorndorf.

Deutscher Sportbund (Hrsg.) (2006): DSB-Sprint-Studie – Sportunterricht in Deutschland; Eine Untersuchung zur Situation des Schulsports in Deutschland, Aachen.

DFL Stiftung (Hrsg.) (o.J.): Bundesliga bewegt, online verfügbar unter: https://www.dfl-stiftung.de/bundesliga-bewegt/ zuletzt geprüft am 28.04.22.

Kindertageseinrichtungen Junikäfer GmbH (Hrsg.) (2022): beruf leben akademie, Online verfügbar unter: https://www.junikaefer.info/index.php?page=beruf-leben-akademie, zuletzt geprüft am 28.04.22.

SC Freiburg (Hrsg.) (2022a): Kick Mobil, Online verfügbar unter: https://www.scfreiburg.com/engagement/bewegung/kick-mobil/ zuletzt geprüft am 28.04.22.

SC Freiburg (Hrsg.) (2022b): Fortbildungen, Online verfügbar unter: https://www.scfreiburg.com/engagement/bildung/fortbildungen/ zuletzt geprüft am 28.04.22.

SC Freiburg (Hrsg.) (2022c): Funino AG, Online verfügbar unter: https://www.scfreiburg.com/engagement/bewegung/funino-ag, zuletzt geprüft am 28.04.22.

SC Freiburg (Hrsg.) (2022d): Füchsle Camps, Online verfügbar unter: https://www.scfreiburg.com/engagement/bewegung/fuechsle-camps/, zuletzt geprüft am 28.04.22.

SC Freiburg (Hrsg.) (2022e): Mini-Ballschule, Online verfügbar unter: https://www.scfreiburg.com/engagement/bewegung/mini-ball-schule/ zuletzt geprüft am 28.04.22.

SC Freiburg (Hrsg.) (2022f): Füchsle Ballschule, Online verfügbar unter: https://www.scfreiburg.com/engagement/bewegung/fuechsle-ball-schule/ zuletzt geprüft am 28.04.22.

Schmidt, S.C.E / Burchartz, A./Kolb, S., Niessner, C. /Oriwol, D./Hanssen-Doose, A./ Worth, A. / Woll, A. (Hrsg) (2021): Zur Situation der körperlich-sportlichen Aktivität von Kindern und Jugendlichen während der COVID-19 Pandemie in Deutschland: Die Motorik-Modul Studie (MoMo). KIT Scientific, Working Papers, 165.

Südbadischer Fußballverband, interne Präsentation.

Vision BewegungsKinder gGmbH (Hrsg) (2022): Ballschule Heidelberg, On-line verfügbar unter: https://ballschule.de/ueber-uns/die-ballschule/ zuletzt geprüft am 28.04.22.

# 6. SV Werder Bremen: „Gemeinsam zukunftsfä-hig" Stakeholder-Workshop im Sinne der Nachhaltigkeit

*Julia Düvelsdorf und Kirsten Sander*

## 6.1. Nachhaltigkeitsgedanke hält Einzug in den Profi-Fußball (Julia Düvelsdorf)

Als erste große Profi-Fußball-Ligen nehmen die Bundesliga und 2. Bundesliga Nachhaltigkeitskriterien verpflichtend in ihre Lizenzierungsordnung auf. Einen entsprechenden Grundsatzbeschluss haben die Clubs im Rahmen der DFL-Mitgliederversammlung am Dienstag, den 14. Dezember 2021 gefasst. Oliver Fritsch kommentiert diese Entwicklung auf Zeit online wie folgt:

> „Die Bundesliga will nachhaltig werden und die Leute lachen. Stellt Rudi Völler nun eine Regenwassertonne raus? Rasen die neureichen Jungprofis bald im E-Lambo zum Training? Wenn Deutschland nicht mehr Weltmeister auf dem Rasen wird, dann eben im Mülltrennen. […] Manche mögen Witze machen angesichts der aktuellen Nachricht, wonach sich die DFL zur Nachhaltigkeit verpflichtet, in dem sie das Thema zur Auflage für eine Lizenz macht."[88]

Aber einen Spaß haben sich die Verantwortlichen der Clubs nicht daraus gemacht, denn sie verpflichten sich verbindlich per Satzung zu gutem Wirtschaften, sozialem Engagement und Umweltschutz. So wird es in der Präambel der DFL künftig heißen:

> „Wesentliche Leitlinie für das Handeln des DFL e.V. ist dabei Nachhaltigkeit in allen ihren Dimensionen – ökologisch, ökonomisch und sozial. Mit konkreten Maßnahmen wird diese Leitlinie aktiv, nachweisbar und transparent umgesetzt. Der DFL e.V. und seine Vereine und Kapitalgesellschaften tragen dazu bei, das Bewusstsein für nachhaltiges Handeln innerhalb breiter Bevölkerungsschichten zu verankern."[89]

---

[88] Fritsch, O. (2021), o. S.
[89] DFL (2021), o. S.

Die Vereine werden somit nicht nur an den Maßnahmen gemessen, die sie in den nachhaltigen Dimensionen konkret umsetzen, sondern schreiben sich zudem auf die Fahnen, die Menschen rund um den Sport in den genannten Themen mitzunehmen und dabei die Strahlkraft des Fußballs zu nutzen.

„Der Fußball steht vor einem Paradigmenwechsel. Nicht nur die sportliche Taktik ändert sich derzeit vom Ballhalten zum progressiven schnellen Umschaltspiel, sondern auch die Managementstrategien in den Fußballclubs", so urteilte René Schmidpeter schon 2018 passend in seinem Vorwort zu „CSR und Fußball".[90] Der Profi-Fußball als Teil der Gesellschaft und nicht als Raumschiff in einer eigenen Welt, das sich zunehmend von den Problemen und Sorgen der Menschen entfernt. Ein Wunsch, der oft von Seiten der Fans an die Vereine herangetragen wird. Sich gemeinsam den aktuellen, gesellschaftlichen Problemlagen - und dazu gehören ohne Frage die Dimensionen der Nachhaltigkeit - stellen, wird ein Faktor sein, der auch für die Identifikation mit dem jeweiligen Verein an Relevanz gewinnen wird.

Für Lars Wallrodt ist die Implementierung einer Nachhaltigkeitsstrategie im „schnelldrehenden Bundesligabusiness"[91] eine Herausforderung, nichtsdestotrotz ist sie für ihn möglich und als Chance zu verstehen. Profi-Fußballclubs können in Bezug auf Nachhaltigkeit eine wichtige Stellung einnehmen, wenn sie sich verstärkt nachhaltig positionieren und Nachhaltigkeit im Verein leben. Ihr Verhalten würde sich nicht nur positiv auf den Verein selbst auswirken, sondern auch Unternehmen und regionale Akteur*innen beeinflussen, mit denen sie direkt oder indirekt zusammenarbeiten.[92]

Außerdem steigt der Anspruch an die Vereine, womit zusätzlicher Druck von außen entsteht. Aufgrund der steigenden Kommerzialisierung und Professionalisierung des Profi-Fußballs wachsen auch die Erwartungen und Forderungen verschiedener Stakeholder die Vereine. Für die Implementierung und erfolgreichen Umsetzung der Corporate Social Responsibility (CSR), ist ein Austausch und Dialog mit internen und externen Stakeholdern unerlässlich. Es geht für die Vereine darum, die Ansprüche und Erwartungen der Stakeholder aufzunehmen, in ihre Strategie einzuarbeiten und dabei authentisch zu bleiben.

---

[90] Schmidpeter, R. (2018), S. V.
[91] Wallrodt, L. (2014), S. 179.
[92] Vgl. Fundel, V. et al. (2019), S.12 und vgl. Fifka, M. / Jäger, J. (2020), S. 815.

Zudem verbindet sich hier gesellschaftliches Handeln, das Aufnehmen von externen Sichtweisen und ein gemeinsames Bearbeiten von gesellschaftlichen Problemen. Der Profi-Fußball steht mittlerweile für weit mehr als den Sport auf dem Rasen. Die Menschen wollen ihn zunehmend als Partner in gesellschaftlichen Lagen wahrnehmen, der Schulter an Schulter mit ihnen Problemlösungen kreiert. So schafft ein Austausch mit Anspruchsgruppen der Vereine emotionalen Zusammenhalt, Verständnis füreinander und ist sinn- und identifikationsstiftend.

> „Dialoge mit Interessengruppen bzw. Stakeholdern sind heute notwendiger Bestandteil einer erfolgreichen Führung von Organisationen. Sie signalisieren Verantwortung gegenüber Gesellschaft und Umwelt, einen präventiven Umgang mit Risiken sowie eine offenere und kommunikativere Organisationskultur.“[93]

Die Herausforderung für die Proficlubs wird es nach der Entscheidung der DFL nun sein, ein fundiertes Erwartungsmanagement zu gestalten, authentische Themen zu ermitteln, zu bündeln, Nachhaltigkeitsstrategien zu entwickeln oder in die strategische Arbeit zu implementieren. Mit diesen Aufgaben ist nun auch der SV Werder Bremen als Mitglied der DFL konfrontiert.

## 6.2. SV Werder Bremen: Vorreiter im Bereich der Nachhaltigkeit (Julia Düvelsdorf)

Seit vielen Jahren engagiert sich der SV Werder Bremen in vielseitigen Projekten für mehr Klimaschutz: ob Photovoltaik-Anlage, Tickets, die für die Anreise zu Heimspielen mit dem ÖPNV berechtigen, die Umstellung auf Ökostrom in allen Liegenschaften oder der als „fair und nachhaltig" ausgezeichneten Fan-Shop. Diese Initiativen und Aktionen werden nun strategisch gebündelt. Nachhaltigkeit in ihren drei Dimensionen Ökologie, Ökonomie und Soziales ist wesentlicher Bestandteil der Unternehmensstrategie.

Bereits seit 20 Jahren ist der SV Werder Bremen mit sozialen Programmen aktiv. 2009 war der Verein der erste Bundesligist mit eigener CSR-Abteilung. 2020 erhielt der SVW für sein jahrelanges gesellschaftliches Engagement nicht nur den UEFA Grassroots Award, sondern wurde auch erstmals einer Nachhaltigkeits-Zertifizierung unterzogen. Hier erreichte er den „sustainClub Silber"-Status und gehört somit zu den Vorreitern für Nachhaltigkeit im deutschen Profisport. Dieses Zertifikat und die Wesentlichkeitsanalyse sind wichtige Standortbestimmungen, mit deren Hilfe sich der Verein nun auf konkrete

---

[93] Neuenburg, H.-J. / Wilken, T. (2015), S. 5.

kurz- und mittelfristige Handlungen fokussieren kann. Als eine Konsequenz der Erhebung erstellt der SV Werder Bremen derzeit unter anderem einen $CO_2$-Fußabdruck der Unternehmenstätigkeit.[94] Darüber hinaus soll der Nachhaltigkeitsgedanke ganzheitlich in allen Unternehmensbereichen implementiert werden. Die damit verbundene Nachhaltigkeitsstrategie des SV Werder Bremen wird im Rahmen des laufenden Strategieprozesses des Vereins ausgestaltet. Als Basis dienen hierbei die Ergebnisse der bereits erwähnten Wesentlichkeitsanalyse, die im Auftrag des Vereins erarbeitet und im Rahmen der Master-Thesis von Svenja Edelmann an der Hochschule Bochum erhoben wurde. Sie identifiziert die relevanten Themenfelder im ökonomischen, ökologischen und sozialen Bereich interner wie externer Stakeholder des SVW. Dazu wurden zwei Online-Workshops mit Mitarbeitenden des Vereins durchgeführt. Anschließend folgten mehrere Gespräche mit ausgewählten internen wie externen Stakeholdern. Die teilnehmenden Personen beantworteten im Anschluss einen standardisierten Online-Fragebogen.

Was ist für die internen und externen Stakeholder des SV Werder Bremen im Ergebnis dieses Prozesses wesentlich?[95]

- Soziale Verantwortung
- Gesellschaftspoltische Haltung
- Reduktion von $CO_2$-Emissionen
- Werteorientierte Unternehmensführung
- Ressourcenschonung
- Anpassung an den Klimawandel
- Risikomanagement
- Bewegungstalente fördern (Kinder/Jugendliche)
- Partizipation & Teilhabe (Fans, Mitglieder, Anwohnende/Anrainer und Mitarbeitende)
- Inklusion & Integration von benachteiligten Gruppen
- Corporate Compliance
- Nachhaltige An- und Abreise von Fans
- Nachhaltige Lieferkette & Merchandising
- Nachhaltige An- und Abreise von Sporttreibenden & Sportmannschaften
- Arbeitssicherheit & Gesundheit
- Mitarbeitendenentwicklung

---

[94] Vgl. SV Werder Bremen (2021), o. S.
[95] Ergebnisse Wesentlichkeitsanalyse (2021); Svenja Edelmann im Auftrag von Werder Bremen.

- Diversität & Vielfalt auf Führungsebene

Die Aufnahme von Nachhaltigkeitskriterien in die Lizenzierung der DFL und die Ergebnisse der Stakeholder-Befragung durch Svenja Edelmann zeigen deutlich den Bedarf an einer Nachhaltigkeitsstrategie. Man muss diese als Prozess verstehen und ein Augenmerk auf die Einbeziehung der Stakeholder richten.

> „Jede Organisation, ob Unternehmen oder Sportverband, sieht sich heute einer Vielzahl von gesellschaftlichen Einflüssen und Ansprüchen ausgesetzt, deren Ursache, Zusammenhänge und Wirkungen nicht immer klar erkenn- und berechenbar für sie sind, da sie sich ihren alltäglichen Erfahrungen und Prozessen häufig entziehen. Sie sind daher gut beraten, sich gegenüber den Sichtweisen der verschiedenen Stakeholder zu öffnen, um die gesellschaftlichen Ansprüche an sie kennen und verstehen zu lernen und um (gesellschaftliche) Entwicklungen erkennen, Fehler vermeiden und potentiellen Vorwürfen vorbeugen zu können. Eine systematische Auseinandersetzung mit den verschiedenen Anspruchsgruppen sei unabdingbar und erfordert ein kontinuierliches Monitoring der organisationsspezifischen „Stakeholder-Landschaft".[96]

Ein kontinuierlicher, strategieorientierter Dialogprozess hilft dabei, ökologische, ökonomische und soziale Risiken zu minimieren und unterstützt eine zukunftsorientierte, verantwortungsvolle Ausrichtung von Strategie und Management einer Organisation im Sinne des Leitbilds der nachhaltigen Entwicklung.[97]

Um ein solch kontinuierliches und konstruktives Monitoring am Beispiel ökologischer Nachhaltigkeit darzustellen, soll im Folgenden ein Fokus auf den Stakeholder „Fan" gelegt werden, woraus sich folgende Fragestellungen ergeben: Was sind die Erwartungen der Fans an den SV Werder Bremen im Thema „Ökologische Nachhaltigkeit"? Wo liegen die Probleme?

---

[96] Neuerburg, H.-J. / Wilken, T. (2016), S. 4 ff.
[97] Vgl. ebd. S. 6.

### 6.3. Fansicht: Wie sehen wir das Thema Nachhaltigkeit im Fußball? Was sind unsere Erwartungen an den SV Werder Bremen? (Kirsten Sander)

Bei den Fans der Bundesligavereine ist das Bewusstsein für Nachhaltigkeit und die Ansprüche an ihren Verein gewachsen. Wie in folgender Abbildung zu sehen ist, antworteten 88% der Befragten auf die Frage "Wünscht du dir mehr Bestrebungen der Vereine in Bezug auf Nachhaltigkeit?" mit Ja.

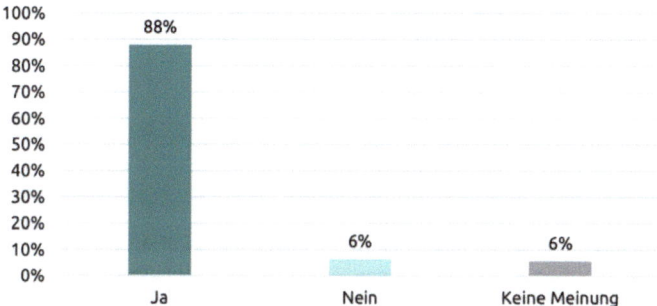

*Abbildung 1:* Wünschen Fans mehr Bestrebungen der Vereine im Sinne der Nachhaltigkeit? [98]

---

[98] Vgl. Lammert, J. et al. (2019), S. 6.

Fans wünschen sich demnach größeres Engagement bei Nachhaltigkeitsthemen von ihren Vereinen. Allerdings scheint auch nicht ausreichend von den Vereinen kommuniziert zu werden, was im Bereich Nachhaltigkeit bereits getan wird. Dies ist in Abb. 2 zu sehen.

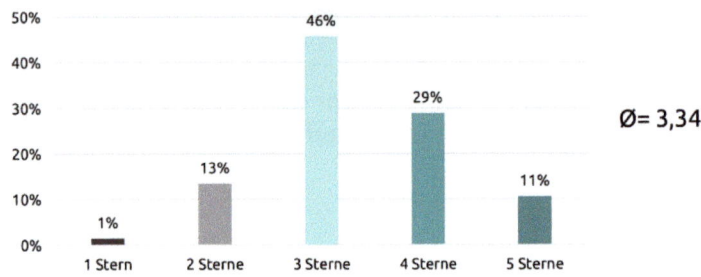

*Abbildung 2:* Wie bewerten Fans die Nachhaltigkeitsbestrebungen ihrer Lieblingsclubs?[99]

Beim SV Werder Bremen wurde in den letzten Jahren nach dem hanseatischen Motto "Gutes tun aber nicht drüber reden" gehandelt. Obwohl sich dieses Handeln mit den Werten des Vereins deckt, ist dadurch aber in der breiten Öffentlichkeit, die sich nicht akribisch mit Werder Bremen beschäftigt, gar nicht bekannt, wieviel Werder Bremen bereits für Nachhaltigkeit macht.

Seit kurzem wurde dieses Verhalten seitens des Vereins aber geändert und es wird mehr über die Nachhaltigkeits-Aktivitäten berichtet. Im Fanshop sind verstärkt regional und nachhaltig produzierte Produkte zu finden. Nachhaltige Produkte sind inzwischen gut gekennzeichnet.

Als Fans des SV Werder Bremen begrüßen wir es sehr, dass der Verein uns mehr in den Prozess der Nachhaltigkeitsstrategie einbeziehen möchte. Gerade in Bezug auf Nachhaltigkeit am Spieltag können wir durch die Anreise zum Stadion, Catering und Müllerzeugung große Faktoren bei $CO_2$-Verminderung und Müllvermeidung sein.

---

[99] Vgl. Lammert, J. et al. (2019), S. 9.

Bei diesen Themen sind durch die Möglichkeit die ÖPNV am Spieltag kostenfrei zu nutzen und die Nutzung von Mehrwegbechern seit Langem Grundsteine gelegt.

Im Catering kann aber noch sehr viel geändert werden. Das Angebot an vegetarischen/veganen Alternativen ist sehr gering. Der Lieferant der Stadionwurst bietet Veggiebratwürste und -krakauer an. Diese mit ins Angebot aufzunehmen, wäre wünschenswert.

Wir Fans sind diejenigen, die z.B. an Spieltagen die Nutznießer der Angebote sind und so auch sehen, wo dort noch „an den Stellschrauben gedreht" werden muss und was funktioniert.

Durch den geplanten Stakeholder-Workshop können die Ideen und Sichtweisen aus der Fanszene in den Verein getragen werden. Bei den Teilnehmern und Teilnehmerinnen steigt die Verbindung zum Verein und sie können als Multiplikatoren durch die Kommunikation der Ergebnisse des Workshops dienen.

## 6.4. Ökologische Nachhaltigkeit: Entwicklung eines Stakeholder-Workshops (Kirsten Sander)

Aus den vorangehenden Ausführungen wird deutlich, dass die Stakeholder des Fanbereichs einen klaren Anspruch an den SV Werder Bremen haben und diesen auch adressieren. So haben wir auf der einen Seite die Position des Vereins, der sich strategisch aufstellt und dabei klare Ziele im Bereich der ökologischen Dimension der Nachhaltigkeit hat - wie Klimaneutralität etc. - und auf der anderen Seite die Stakeholder Fans, die ihrerseits ebenfalls klare Vorstellungen davon haben, wie sie den SV Werder Bremen thematisch aufgestellt sehen wollen und wie sie selber Teil der Lösung sein können.

Wie können beide Seiten effizient zusammengefügt werden und dabei einen kontinuierlichen thematischen Austausch entwickeln? Die Ziele dieses regelmäßigen Austauschs sind: Sensibilisierung für das Thema, gemeinsames Bearbeiten der Problemlage, Austausch von Sichtweisen, Herausarbeiten von Lösungsmöglichkeiten und das Erarbeiten möglicher gemeinsamer Projekte.

## 6.5. Stakeholder-Workshop

Mit einem Stakeholder-Workshop sollen die Positionen und Einstellungen von Stakeholdern erfasst werden, indem Sichtweisen, Erfahrungen oder Meinungen zum Thema abgefragt werden. Auf diese Weise können Stakeholder an der konkreten Ausgestaltung eines Vorhabens beteiligt werden. Schon in der frühen Phase eines Projektes wird oft deutlich, dass die mit dem Vorhaben verbundenen Veränderungen das Interesse unterschiedlicher Personen und Gruppen wecken. Die Reaktionen dieser Betroffenen auf das Projekt können höchst unterschiedlich sein. Mit einem effizienten und nachhaltigen Stakeholder-Management können Befürworter*innen des Projektes sinnvoll eingebunden werden und das Veränderungsmanagement aktiv mitgestalten. Im Umgang mit potentiellen Kritiker*innen können konstruktive Kommunikationsstrukturen entwickelt und die Ergebnisse auf einer breiten Basis erarbeitet werden.[100]

Ziel des Workshops ist es:

- Themen zu identifizieren
- Kräftefelder zu erkennen
- Bedarfe zu definieren
- Erwartungen herauszuarbeiten
- Herausforderungen gemeinsam anzugehen

Im Ergebnis soll der SV Werder Bremen entscheidende Stakeholder verstehen und entsprechend ihrer Interessenlagen gezielt ansprechen und mit Informationen versorgen können.

## 6.6. Herausforderungen und Bedarfe zum Thema „Ökologische Nachhaltigkeit"

Im ersten Teil des Stakeholder-Workshops sollen Herausforderungen und Bedarfe zum Thema „Ökologische Nachhaltigkeit" ausgearbeitet werden. Was sind die Themen, die behandelt werden sollen? Was sind die gemeinsamen Ziele? Was werden die zukünftigen (kurz-, mittel- und langfristigen) Herausforderungen sein und welche Erwartungen ergeben sich daraus?

Der SV Werder Bremen hat sich wie bereits erläutert auf den Weg gemacht, seinen $CO_2$-Fußabdruck zu ermitteln, um die Erkenntnisse dieser Untersuchung als Basis für weitere Maßnahmen zu nutzen. Als Grundlage dienen interne wissenschaftliche Studien, die der SV Werder Bremen mit zwei Institutionen für die Jahre 2019 und 2020 durchgeführt hat. Dies waren vorbereitende Erhebungen, um mittels verlässlicher Daten eine Reduzierung (oder Steigerung) der $CO_2$-Emissionen dokumentieren zu können. Eine Veröffentlichung der Ergebnisse ist in Planung.

---

[100] Vgl. Durham, E. et al. (2014), S. 24 ff.

Es finden sich hier thematisch wichtige Ansätze für den Stakeholder-Workshop, weil der Stakeholder „Fan" hier selbst Teil der Lösung ist und praxisnahe Ideen entwickelt werden können.

Der Stakeholder-Workshop soll also dazu dienen, im Bereich „Ökologische Nachhaltigkeit" gemeinsam entwickelte Themen zu bearbeiten und die ebenfalls gemeinsam gesteckten Ziele zu erreichen. Des Weiteren soll er weitere Anregungen und praxisnahe Sichtweisen für den SV Werder Bremen liefern. Schließlich sollen die Ergebnisse des kontinuierlich stattfindenden Workshops einen fundierten Weg unter anderem hin zur Klimaneutralität ebnen. Das Workshop-Konzept und die Zusammensetzung der Teilnehmer und Teilnehmerinnen soll im Fanbeirat, dem institutionalisierten Fandialog Werder Bremens, vorgestellt und dort finalisiert und abgestimmt werden.

## 6.7. Fazit

Die Aufnahme der Nachhaltigkeitsthemen in die Lizenzierungsauflagen der DFL zeigt es sehr deutlich: Die aktuellen gesellschaftlichen Themen und Problemlagen sind im Profi-Fußball angekommen. Gegenwärtig werden daher die Kriterien erarbeitet, nach denen die Nachhaltigkeitsarbeit der Vereine in den Dimensionen Ökonomie, Ökologie und Soziales in jeder Lizenzierung bewertet werden kann.

Jetzt heißt es für die Vereine, sich gemeinsam mit ihren Stakeholdern (Fans, Partner, Sponsoren, Mitarbeiter*innen etc.) für die Zukunft aufzustellen und mit Nachdruck die Herausforderungen gemeinsam anzugehen. Auf diesen Weg hat sich der SV Werder Bremen gemacht.

## Literaturverzeichnis

Arras-Hoch, Cornelia (2016): Ziele, Struktur und Mehrwert von Stakeholder-Dialogen, in: Dokumentation des 22. Symposiums zur nachhaltigen Entwicklung des Sports/DOSB vom 10. und 11. Dezember 2015 in Bodenheim/Rhein, DOSB, Frankfurt a.M. S. 8-13.DFL (2021): Beschluss der DFL-Mitgliederversammlung: Nachhaltigkeit wird Lizenzierungskriterium für Bundesliga und 2. Bundesliga. Online verfügbar unter: https://www.dfl.de/de/aktuelles/beschluss-der-dfl-mv-nachhaltigkeit-wird-lizenzierungskriterium/, zuletzt geprüft am 17.02.2022.

DFL Deutsche Fußball Liga (2021): Beschluss der DFL-Mitgliederversammlung: Nachhaltigkeit wird Lizenzierungskriterium für Bundesliga und 2. Bundesliga. Online verfügbar unter https://www.dfl.de/de/aktuelles/beschluss-der-dfl-mv-nachhaltig-keit-wird-lizenzierungskriterium/, zuletzt geprüft am 28.04.2022.

Durham E. / Baker H., Smith M./Moore E./Morgan V. (2014): The Biodi-vERsA Stakeholder Engagement Hand-book. BiodivERsA, Paris.

Fundel, V. / Lachmann, K./Scharfhausen, J. (2019): Nachhaltigkeit in der Fußball-Bundesliga. Aktuelle Entwicklungen und Trends. Deloitte GmbH. Online verfügbar unter https://www.deloitte-mail.de/u/re-gister.php?CID=141631293&f=21644, zuletzt geprüft am 17.02.2022.

Fritsch, O. (2021): Die nachhaltigste Liga der Welt. Online verfügbar unter: https://www.zeit.de/sport/2021-12/fussball-bundesliga-nachhaltig-keit-unweltschutz-soziales?utm_refe-rrer=https%3A%2F%2Fwww.google.de%2F, zuletzt geprüft am 17.02.2022.

Fifka, M./Jäger, J. (2020): CSR in professional European football: an integra-tive framework. In: Soccer & Society, 21. Jg., H.1, S. 61-78.

Lammert, J./Faix, A./Schröer, J./Eßer, A. (2019): Anstoß-Studie zur Nachhal-tigkeit im Fußball. Köln: FanQ - rate your Club GmbH.

Neuerburg, H.-J./Wilken, T. (2016): Stakeholder-Dialoge im Sport – eine Möglichkeit zur Übernahme gesellschaftlicher Verantwortung, in: Dokumentation des 22. Symposiums zur nachhaltigen Entwicklung des Sports/DOSB vom 10. und 11. Dezember 2015 in Boden-heim/Rhein, DOSB, Frankfurt a.M. S. 4-7.

Schmidpeter, R. (2018): Vorwort des Reihenherausgebers: Nachhaltiges Ma-nagement als neues Paradigma sportlichen Erfolgs. In: Werheid, M./Mühlen, M. (Hrsg.): CSR und Fußball – Nachhaltiges Manage-ment als Wettbewerbsvorteil – Perspektiven, Potenziale und Her-ausforderungen Springer Verlag, Berlin, S. V-VI.

SV Werder Bremen (2021). Strategisch für mehr Nachhaltigkeit! Wesentlich-keitsanalyse als Basis für neue Nachhaltigkeitsstrategie des SV Werder. Online verfügbar unter https://www.werder.de/aktu-ell/news/werder-bewegt/20212022/wesentlichkeitsanalyse-nach-haltigkeitsstrategie-14122021/, zuletzt geprüft am 17.02.2022.

Wallrodt, L. (2014): Nachhaltigkeit im Profi-Fußball, in: Hildebrandt, A. (Hrsg.): CSR und Sportmanagement: jenseits von Sieg und Niederlage. Sport als gesellschaftliche Aufgabe verstehen und umsetzen, Springer Gabler Verlag, Berlin, S. 177-189.

# 7. TSG Hoffenheim: Umoja – unity in motion Wie eine nachhaltige Textilmarke mit der Zukunftsstrategie der TSG Hoffenheim zusammenhängt

*Stefan Wagner*

## 7.1. Umoja als Projekt der Zukunftsstrategie „TSG ist Bewegung"

Umoja {umoʻdscha} ist eine nachhaltige Lifestyle-Textilmarke, die zu 100 Prozent in Uganda hergestellt wurde. Ausgedacht in Hoffenheim, ist sie ein Produkt der TSG. Ein Hinweis darauf, wer Urheber dieser Marke ist, ist indes weder auf den Shirts noch auf den Hoodies oder Longsleeves zu finden. Auch kein TSG-Schriftzug oder -Logo.

Das Projekt ist eine von vielen Ausprägungen, die im Zuge der Zukunftsstrategie „TSG ist Bewegung" entstanden ist. Diese hat der Kraichgauer Fußball-Bundesligist 2018 entwickelt. Die Kernaussage: Neben dem Bekenntnis zu Spitzensport sollen die Entwicklung des Clubs und gesellschaftliche Mehrwerte eine Einheit bilden. Oder anders gesagt: Aus einer strategischen Perspektive heraus kann es kein Wachstum mehr um seiner selbst willen geben.

Zum Hintergrund gibt es mehrere wichtige Aspekte zu berücksichtigen:

1.  Die Ausrichtung der TSG (mit Beginn der Professionalisierung auf Basis der Investitionen in den Club seitens Dietmar Hopp), die eine möglichst schnelle Unabhängigkeit zum Ziel hatte. Dafür wurden die Investitionen insbesondere auch in die Infrastruktur, in eine innovative Nachwuchsarbeit und mit einem Fokus auf einen verantwortungsvollen Umgang mit Menschen innerhalb und außerhalb der TSG geprägt und gepflegt.

2.  Die Haltung in Bezug auf kohärente Beziehungen, kohärente Systeme, die erst zu einer Potentialentfaltung führen können. Die Haltung in Bezug auf die Rolle in der Gesellschaft, die wiederum Grundlage dafür ist, eine solch herausgehobene Position langfristig ausführen zu dürfen. Die Haltung und Strategie, dass eine Teilnahme an den Überhitzungen des Profi-Fußballgeschäfts für einen

Club wie der TSG Hoffenheim nicht aufrechtzuerhalten ist und damit die Nachwuchsarbeit sowie eine Transferpolitik mit Fokus auf entwicklungsfähige Spieler für die TSG unerlässlich ist.

3. Ein gesellschaftlicher Wandel, der nicht erst seit der Corona-Pandemie und anderer gesellschaftlicher Herausforderungen existiert und der den Blickwinkel auf den Profi-Fußball verändert hat.

## 7.2. Die Nachhaltigkeitsstrategie der TSG Hoffenheim

Schon 2018, also vor Beginn der Pandemie, hat die TSG Hoffenheim mit „TSG ist Bewegung" die Grundlage dafür gelegt, den beschriebenen Herausforderungen gerecht zu werden und eine Nachhaltigkeitsstrategie entwickelt, die im Kerngeschäft ansetzt. Sie umfasst fünf Handlungsfelder: Innovationen, Mitarbeiter*innen und Spieler*innen, Jugend und Fans, Ökologie und Afrika. Über diese Handlungsfelder soll die Entwicklung des Clubs im Zusammenspiel mit gesellschaftlichem Nutzen fokussiert und umgesetzt werden. Beispielhaft wirkt sich dies auch auf die Vermarktungsstrategie aus, die nicht mehr nur primär Reichweite und die Awareness des Fußballs als Basis nutzt, sondern auch die gesellschaftliche Dimension, die über die Handlungsfelder von „TSG ist Bewegung" und das Bespielen der SDG, der nachhaltigen Entwicklungsziele der Vereinten Nationen sichtbar wird. Neben den klassischen Rechtepakten werden also gesellschaftsrelevante Themen gemeinsam mit den Partnern identifiziert und bereits in der Ausgestaltung der Partnerschaften manifestiert.

Die These: Eine solche Partnerschaft wirkt neben quantitativen Effekten über weitere Plattformen und zusätzliche erreichbare Zielgruppen auch qualitativ stärker als klassische Engagements. In einer bundesweit repräsentativen Studie der Universität Mannheim, konnten diese Effekte statistisch signifikant nachgewiesen werden (Studie auf Anfrage erhältlich). Über alle Wirkungsebenen eines Sponsorings – von der Wahrnehmung einer Aktivierung über die Bewertung des Sponsors, die Bewertung des Sponsors als nachhaltiges Unternehmen sowie die Bereitschaft, positiv über ihn zu sprechen - konnte eine im Durchschnitt 25-prozentige Verbesserung nachgewiesen werden. Das Fallbeispiel war dabei generisch gewählt und wurde ohne Emotionalisierung oder „Storytelling" präsentiert. Das lässt die Ergebnisse umso stärker wirken. Hier wird deutlich, dass eine nachhaltige Strategie unmittelbare positive Wirkungen auf die Wertschöpfungsmöglichkeiten eines Clubs hat.

Es geht also um eine Betrachtung des gesamten Kerngeschäfts eines Fußball-Bundesligisten wie auch um die Frage, wie er sich in internationalen Kooperationen aufstellt.

## 7.3. Ein Unglück als Impuls

Am 17. Februar 2012 ereignete sich ein Busunfall in der Nähe des Flughafens in Windhoek in Namibia. In diesem Bus befand sich die U-23 Mannschaft der TSG Hoffenheim kurz vor der Abreise aus einem Trainingslager. Unter den Betroffenen waren auch junge Spieler, von denen einige aufgrund der erlittenen Verletzungen ihre sportliche Karriere beenden mussten. Die Unterstützung der Menschen vor Ort wiederum veranlasste u.a. Lutz Pfannenstiel als ehemaligen Funktionär der TSG dazu, in Namibia aktiv zu werden. Er gründete den Verein Global United FC e.V. und damit ein erstes Standbein auch für die TSG in Afrika. In der Entstehung von „TSG ist Bewegung" stellte sich damit auch die Frage nach Afrika und einer internationalen Perspektive. Schnell wurde klar, dass es für die TSG Hoffenheim nicht um einen Fanshop oder Freundschaftsspielreisen gehen kann, sondern um einen Ansatz, der wiederum gesellschaftliche Aspekte in den Blick nimmt. So wurde ‚Afrika' das fünfte Handlungsfeld, aber mit der Prämisse, wesentlich stärker eigene Akzente zu setzen. Dies war der Startschuss der Zusammenarbeit mit dem Bundesministerium für wirtschaftliche Zusammenarbeit und Entwicklung (BMZ) sowie deren verlängerten Arm, der Gesellschaft für Internationale Zusammenarbeit (GIZ). Aufbauend auf den bisherigen Ansätzen und dem Know-How der TSG wurde ein Projekt im Norden Namibias konzipiert, bei dem die TSG zusammen mit der GIZ und der lokalen Organisation „EduVentures" Fußball und Umweltbildung zusammenführt und Multiplikator*innen in sogenannten „Conservancies" – Regionen, in denen die Bewohner*innen eigenverantwortlich mit Mensch und Tier zusammenleben – ausbildet. Diese können nun mit Wissen und Trainingsmethoden vor Ort junge Menschen über Fußball für diese Themen sensibilisieren. Die dabei entstandenen Inhalte wurden später in einem Handbuch zusammengefasst, das auch vor Ort in der Metropolregion Rhein-Neckar Vereinen und Trainer*innen inklusive entsprechender Workshops zur Verfügung gestellt wird.[101]

Aufbauend darauf wurde im Herbst 2018 die Kooperation zwischen der TSG und dem BMZ beim Heimspiel gegen Borussia Dortmund gemeinsam mit Entwicklungshilfeminister a.D. Dr. Gerd Müller, der Vorstandsvorsitzenden

---

[101] Das Handbuch ist erhältlich unter campus@tsg-hoffenheim.de.

der GIZ Tanja Gönner, dem damaligen Geschäftsführer Dr. Peter Görlich und Dietmar Hopp geschlossen. Im Dezember 2018 folgte im Zuge der Veröffentlichung von „TSG ist Bewegung" auch die Unterstützung der vom BMZ initiierten Allianz für Entwicklung und Klima als eine der ersten Organisationen und einziger Vertreter des Sports. Heute zählt die Allianz weit mehr als 1000 Unternehmen und Organisationen. Ziel ist es, nicht vermeidbare Emissionen freiwillig über Offset-Projekte zu kompensieren, die nicht nur dem Klimaschutz, sondern auch weiteren SDGs dienen.

Seither kompensiert die TSG Hoffenheim ihren $CO_2$-Fußabdruck in den Scopes 1 und 2, in der eigenen Reisetätigkeit sowie in der Anreise der Gästeteams. In der Saison 2019/20 flossen die Mittel in ein mit dem GoldStandard zertifiziertes Aufforstungsprojekt in Uganda, in der Saison 2020/21 unterstützte die TSG ein Projekt für effiziente Kocher in Ruanda nahe der Lebensräume der letzten Berggorillas. Zudem wurde ein sogenanntes Klima-Ticket aufgesetzt, bei dem Ticketkäufer*innen zusätzlich zur Eintrittskarte einen oder mehrere Baumsetzlinge für je einen Euro hinzubuchen konnten. Dieses Projekt, ebenfalls in Uganda, kommt Kleinbauern für darüber finanzierte Neuanpflanzungen zugute. Der sich daran anschließende Schritt, der zu der Markenentwicklung von umoja führte, war sicherlich ungewöhnlich für einen Bundesligisten wie die TSG Hoffenheim. Er folgte der Überlegung, dass eine nachhaltige Entwicklung auf dem afrikanischen Kontinent vor allem auch einer wirtschaftlichen Zusammenarbeit auf Augenhöhe bedarf. Expert*innen rechnen mit einem Bevölkerungswachstum von etwa einer Milliarde Menschen, die bis zum Jahr 2050 zusätzlich dort leben werden.[102] Diesen Menschen eine möglichst nachhaltige Lebensweise und Perspektive zu bieten, ist ein globales Interesse. So entstand der Ansatz, über die Plattform Bundesliga eine nachhaltige Lifestyle-Marke aufzubauen und so einen Marktzutritt herzustellen sowie zugleich einen Scheinwerfer auf diese Thematik zu richten. Umoja war geboren, zumindest als Idee. Es bedurfte einiger Anstrengungen hinsichtlich der Ausgestaltung der Marke, des Produktionsstandortes, der Markenrechte und Vielerlei mehr. Unterstützt von der GIZ und nach mehreren Besuchen in Uganda wurde die Firma „Fine Spinners", ein vollstufiger Textilproduzent in der ugandischen Hauptstadt Kampala, ausfindig gemacht. Nachdem wir mit einer GIZ-Gutachterin die gesamte Lieferkette vom Baumwollfeld bis zur Produktionsstätte besucht hatten, wurde sie beauftragt. Uganda zählt zu den

---

[102]Vgl. Global Marshall Plan (2022), o. S. und Lexas (2022), o. S

ärmsten Ländern[103] weltweit mit einem der jüngsten Altersdurchschnitte.[104] Ein Großteil der dort produzierten Baumwolle wird exportiert mit einem entsprechend geringen Anteil an den Wertschöpfungsketten, der im Land bleibt.

Die Designs stammten von der renommierten und ebenfalls sehr nachhaltig ausgerichteten Outdoor-Marke „Maloja", die uns auch bei der Qualitätssicherung sowie der Abwicklung unterstützten. Das Konzept sieht zudem vor, dass ein Zehnt der Erlöse in soziale Projekte vor Ort zurückfließen. Partnerin und Empfänger des Spendenanteils von umoja im Jahr 2021 und 2022 ist „Viva con Agua" - eine Initiative, die sich weltweit für einen Zugang zu sauberem Trinkwasser für alle einsetzt - mit ihrem Football4Wash-Projekt, ebenfalls in Uganda.

So ist ein zunächst singulär erscheinender Leuchtturm ein Puzzlestück für eine nachhaltige Entwicklung eines Fußball-Bundesligisten geworden. Wir nennen diese Strategie „Common Value Club Strategie", die hier ein besonderes Gewand trägt, aber insgesamt einer logischen und stringenten Entwicklung der TSG Hoffenheim folgt.

## Literaturverzeichnis

BMZ - Bundesministerium für wirtschaftliche Entwicklung und Zusammenarbeit (2022). Bevölkerungswachstum schmälert Entwicklungserfolge, Online verfügbar unter: https://www.bmz.de/de/laender/uganda/soziale-situation-15268

Global Marshall Plan (2022): Marshall Plan mit Afrika, Online verfügbar unter https://www.globalmarshallplan.org/marshall-plan-mit-afrika/ zuletzt geprüft 28.04.22

Lexas (2022): UN – Bevölkerungsprognose, Online verfügbar unter https://weltbevoelkerung.info/prognosen/un.aspx, zuletzt geprüft 28.04.22.

Statista (2022): Uganda: Bruttoinlandsprodukt (BIP) pro Kopf in jeweiligen Preisen von 1980 bis 2020 und Prognosen bis 2026, Online verfüg-

---

[103] Vgl. Statista (2022), o. S.
[104] Vgl. BMZ (2022), o. S.

bar unter: https://de.statista.com/statistik/daten/studie/382194/um-
frage/bruttoinlandsprodukt-bip-pro-kopf-in-uganda/ zuletzt geprüft
am 28.04.22

# Die Autor*innen

**Julia Düvelsdorf**

Abteilungsleiterin Fanbetreuung des SV Werder Bremen; Perspek-tivleiterin „Gesellschaft" im Stra-tegieprozess des SVW.

**Kirsten Sander**

Mitglied des Gremiums des Dachverband der Bremer Fanclubs, Kassenwartin des WFC #werder

und Mitglied beim Weserfunk.

**Christina Mayer**

Teamleiterin CSR des 1. FSV Mainz 05 e.V. – Vor-standsmit-glied bei Mainz 05 hilft e.V.; Bachelor MKE, Messe-, Kongress- und Eventmanagement an der DHBW, Master in Sustainability Management der Bergischen Universität Wuppertal.

**Tobias Rauber**

Studium der Betriebswirtschaft und Kultur-, Freizeit-, Sportmanagement an der Reinhold-Würth-Hochschule Künzelsau. Seit 2014 CSR-Manager (IHK Nürnberg), seit 2010 beim Sport-Club Freiburg e.V., seit 2015 Leiter Gesellschaftliches Engagement des SC.

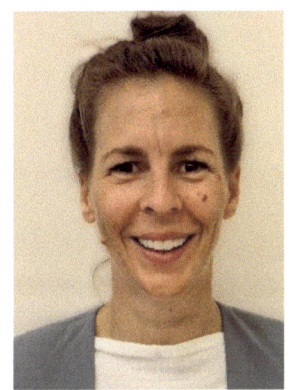

**Stefanie Reuter**

Abschluss Diplom Sportwissenschaften - Diplomarbeit zum Thema „CSR-Management beim 1. FSV Mainz 05 e. V., seit 2015 CSR-Managerin (IHK Nürnberg), bis 2021    Leiterin CSR beim 1. FSV Mainz 05,  Geschäftsführerin und Mitglied des Vorstands bei Mainz 05 hilft e. V., seit 2021 Lehrbeauftragte an der DHBW.

**Prof. Dr. Petra Thalmeier**

Professorin „BWL – Messe-, Kongress- & Eventmanagement" an der Dualen Hochschule Baden-Württemberg in Mannheim; studierte an der Universität Heidelberg „Volkswirtschaftslehre" mit dem Abschluss zum Dipl.-Volkswirt; Promotion am Alfred-Weber-Institut der Universität Heidelberg am Lehrstuhl für Finanzwissenschaft; zwölf Jahre Tätigkeit in der Steuerberatung.

**Stefan Wagner**

Geschäftsführer – Wagner, Büro für CSR, Kommunikation und Marketing, Initiator und 1. Vorsitzender
Sports for Future e.V. Seit 2018 bei der TSG Hoffenheim verantwortlich für die Stabsstelle Unternehmensentwicklung. Seit 2016 CSR-Manager, Gründer
von „Sports for Future".